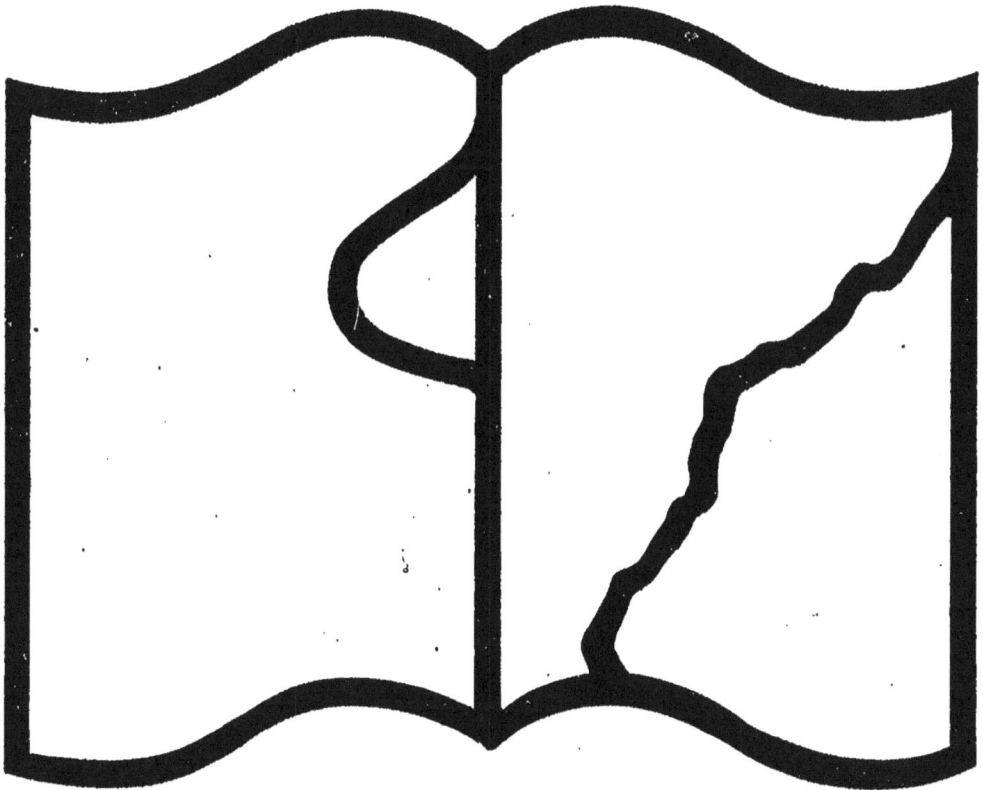

Texte détérioré — reliure défectueuse

NF Z 43-120-11

Symbole applicable
pour tout, ou partie
des documents microfilmés

LA QUESTION SOCIALE

EST

UNE QUESTION MORALE

LA
QUESTION SOCIALE

EST

UNE QUESTION MORALE

PAR

TH. ZIEGLER
Professeur de philosophie à l'Université de Strasbourg

TRADUIT D'APRÈS LA QUATRIÈME ÉDITION ALLEMANDE

PAR

G. PALANTE
Professeur de philosophie au lycée de Saint-Brieuc

DEUXIÈME ÉDITION

PARIS

ANCIENNE LIBRAIRIE GERMER BAILLIÈRE ET Cⁱᵉ

FÉLIX ALCAN, ÉDITEUR

108, BOULEVARD SAINT-GERMAIN, 108

—

1895

AVANT-PROPOS DU TRADUCTEUR

Le livre de M. Ziegler a été écrit en 1890, au lendemain du Congrès de Halle. L'auteur expose dans son introduction les résultats généraux de ce Congrès et en tire quelques inductions relatives au développement futur de la démocratie sociale. Il peut être intéressant aujourd'hui de revenir un peu en arrière sur le chemin parcouru depuis lors par le parti socialiste allemand et de caractériser brièvement sa situation actuelle.

La démocratie sociale allemande prétend être un parti essentiellement évolutif. « Nous ne sommes pas seulement un parti de révolution dit Bebel, nous sommes un parti qui évolue et qui avance continuellement; nous sommes un parti qui apprend sans cesse, qui fait sans cesse de nouvelles expériences. Nous sommes dans une perpétuelle mue intellectuelle (*geistige mauserung*) et nous n'adoptons aucune formule comme définitive et éternelle [1]. » L'histoire du parti n'est qu'une suite de ces mues intellectuelles, de ces transformations de théorie et de tactique qui poussent d'un mouvement continu le socialisme vers la réalisation de ses

---

(1) Bebel. *Zukunftstaat und Sozialdemocratie*, discours prononcé au Reichstag le 3 février 1893, page 6 de l'édition du *Vorwaerts*.

revendications. D'après Bebel, Lassalle, en fondant le
socialisme, ne prétendit jamais lui imposer une organisation
définitive. Son socialisme mitigé et patriote ne devait être
qu'un moment dans l'évolution du parti, une phase transitoire destinée à préparer des mesures plus radicales pour
lesquelles l'esprit du peuple allemand n'était pas encore
mûr [1]. C'est là ce qui résulte clairement de la corres-
pondance de Lassalle avec Rodbertus, laquelle dissipe une
fois pour toutes l'erreur d'après laquelle le grand agitateur
allemand n'aurait été au fond qu'un conservateur et aurait
voulu « étouffer la démocratie sociale sous l'étreinte mor-
telle du socialisme d'Etat.[2] » — L'idée lassallienne n'a pas
tardé d'ailleurs, comme on sait, à être dépassée. Les
articles du programme de Gotha qui s'inspiraient des doctrines de Lassalle ont été rayés du nouveau programme
élaboré à Erfurt en 1891 et depuis cette époque les doctrines de Marx et de Fr. Engels dominent de plus en plus
dans le parti.

L'évolution théorique constatée par Bebel est donc bien
réelle. Mais il faut reconnaître que depuis le Congrès d'Erfurt et l'adoption définitive du marxisme, cette évolution
semble subir un temps d'arrêt. On peut dire qu'au point
de vue théorique le parti socialiste allemand n'a pas fait
un pas depuis le Congrès de Halle. Les chefs du parti s'en
tiennent à deux ou trois théories marxistes — très contes-
tables d'ailleurs — qu'ils répètent en toute occasion avec
une monotonie désespérante. La principale de ces théories,
la loi de la concentration progressive du capital, reparaît

(1) Bebel. *Zukunftstaat und Sozialdemocratie*, p. 7.

(2) Sur cette interprétation de Lassalle, voir aussi le discours du
délégué Frohne, d'Altona, au Congrès de Berlin, séance du 18 novembre.

dans tous les discours de Liebknecht[1] et de Bebel, soit dans
les assemblées du parti, soit au Reichstag; et l'on peut dire
qu'elle est devenue le grand instrument de propagande du
parti, depuis que la loi d'airain a été définitivement abandonnée par Liebknecht au Congrès de Halle. Peut-être la
loi de la concentration progressive du capital aura-t-elle un
jour le même sort, car elle n'est pas plus vraie, sous sa
forme absolue, que la loi d'airain. Par quelle machine de
guerre nouvelle la remplacera-t-on quand elle aura fait son
temps? C'est ce qu'il est impossible de prévoir à l'heure
actuelle où le *Capital* de Marx continue plus que jamais à
être l'évangile du parti.

Cet arrêt dans l'évolution théorique du parti est-il un
signe de force ou au contraire un symptôme d'anémie et
de faiblesse? Nous n'avons pas à le décider ici. Nous n'a-
vons qu'à constater un fait, c'est que depuis Erfurt la
démocratie sociale est devenue un parti exclusivement
militant. Les questions de programme sont absolument reje-
tées au second plan. « Le Congrès de Berlin, dit le *Vorwaerts*,
est essentiellement un Congrès d'affaires[2]. » Le socialisme
allemand est entré dans la voie de la pratique. Ce n'est
plus Hamlet, rêveur et indécis, c'est Faust quittant résolument la science pour l'action. L'attitude de Bebel est
caractéristique à ce sujet. Il y a quelques années encore il
se livrait à des constructions chimériques de plans sociaux
pour la future société socialiste (*Die Frau*). Aujourd'hui il
s'est assagi. A ceux qui lui demandent de décrire son état
de l'avenir, il répond dédaigneusement que le socialisme
a depuis longtemps dépassé la phase de son évolution où

(1) Voir le discours de Liebknecht, au Congrès de Berlin, séance
du 18 novembre. (Supplément du *Vorwaerts*, du 18 novembre.

(2) *Vorwaerts* du 23 novembre 1892.

il pouvait être question de ces vétilles. « Croyez-vous, dit-il, que nous travaillons comme nous le faisons pour aboutir à élaborer une petite utopie (*Kleinmalerei*), à la façon des Morus, des Cabet ou des Fourier? Croyez-vous que nous allons aller en Amérique ou en Australie fonder des colonies socialistes pour vous dire ensuite : voyez, c'est d'après ces principes que la société bourgeoise doit être transformée ! — Non [1]. » D'après Bebel et Liebknecht la société bourgeoise « meurt de sa belle mort ». Ils croient n'avoir plus qu'à recueillir sa succession. C'est là, suivant eux, une œuvre plus positive, plus pratique et plus décisive pour le triomphe du socialisme que l'élaboration de n'importe quel programme social.

Ce caractère militant du socialisme allemand se manifeste nettement dans les deux grands événements qui ont marqué son histoire depuis l'année 1890 : le Congrès d'Erfurt (1891) et celui de Berlin (1892).

Après le Congrès de Halle (1890) et l'abandon définitif de la *loi d'airain*, on avait pu croire un instant et certains libéraux progressistes avaient même espéré que le socialisme allemand allait se transformer en un parti réformiste.

En effet, du moment où Liebknecht lui-même reconnaissait la fausseté du dogme désolant d'après lequel, sous le régime des lois économiques actuelles, l'ouvrier est nécessairement réduit au *salaire-famine*, pourquoi ne pas admettre la possibilité d'une transformation sociale pacifique s'effectuant progressivement sur le terrain des institutions actuellement existantes ?

Le programme d'Erfurt a dissipé ces illusions optimistes. Ce programme écarte en effet tout projet de réforme économique sérieuse sur le terrain de l'organisation sociale

(1) Bebel. *Zukunftstaat und Sozialdemocratie*, p. 10.

actuelle. « Dans leur ignorance des choses socialistes, dit M. B. Malon, la plupart des journalistes ont vu dans la réduction des revendications actuellement poursuivables une preuve de modérantisme. C'est justement le contraire ; cette limitation signifie qu'on n'attend rien de l'action légale et que l'on attend tout de la grande révolution sociale que doit accomplir un jour le prolétariat. Telle est la caractéristique du programme d'Erfurt. Il est nettement antiréformiste. Le programme d'Erfurt est le plus tendanciellement révolutionnaire de tous les programmes ouvriers socialistes existants, puisqu'il ferme intentionnellement la porte à toutes les réformes de caractère véritablement socialiste[1]. »

La tendance antiréformiste du socialisme allemand s'est fait sentir plus nettement encore au Congrès de Berlin où la question s'est posée de nouveau à propos de la discussion sur le *Socialisme d'Etat.*

La droite, représentée par Vollmar, de Munich, et la gauche orthodoxe (Bebel, Liebknecht) se sont accordées pleinement pour condamner tout rapprochement entre la démocratie sociale et le socialisme impérial.

Et ce résultat était facile à prévoir. En effet, au point de vue de l'orthodoxie marxiste, la question du socialisme d'Etat n'est même pas à poser. Dans la donnée marxiste le socialisme d'Etat est un régime aussi odieux que le régime actuel. Il ne faut pas l'appeler socialisme d'Etat, mais capitalisme d'Etat (*Liebknecht*), attendu qu'il veut concentrer tout le capital entre les mains de l'Etat pour perpétuer l'écrasement d'une classe par l'autre et pour « imposer à la démocratie le double joug de l'exploitation économique et de l'esclavage politique. » (*Proposition Liebknecht.*)

Vollmar, que certains intransigeants exaltés avaient

_____

(1) B. Malon. *Le Congrès d'Erfurt.* Revue socialiste, novembre 1891.

accusé de socialisme d'Etat, est sur ce point tout aussi
affirmatif que Liebknecht.

Est-ce Liebknecht, est-ce Vollmar qui parle ainsi :
« Combattre le socialisme d'Etat, c'est enfoncer une porte
ouverte » ; ailleurs : « discuter sur le socialisme d'Etat, c'est
se battre contre des nuages. » Enfin, citant un mot du
théoricien *Kautsky :* « le socialisme d'Etat est une ruine »,
Vollmar ajoute : « On ne combat pas contre des ruines[1]. »
Dans la séance du 10 novembre on a subtilisé longuement
sur le socialisme d'Etat et on a discuté toutes les définitions
théoriques qui en ont été données. Le socialisme d'Etat
est-il la concentration de tous les moyens de production
aux mains de l'Etat? Est-il un système de mesures propres
à alléger la situation actuelle de la classe ouvrière? Est-il
une législation sur le travail des fabriques ; est-il ceci,
est-il cela? Telles sont les questions qu'on s'est posées.
Comme conclusion, après avoir discuté toutes ces formules
et excommunié le socialisme d'Etat sous toutes ses formes
possibles, Vollmar et Liebknecht, la droite et la gauche,
socialistes de toute nuance, ont adopté à l'unanimité la
résolution suivante prévue d'avance et conforme à la plus
rigoureuse orthodoxie marxiste : « *Le socialisme d'Etat et
la démocratie sociale sont absolument incompatibles.* »

Peut-être pourrait-on relever une seule divergence de
vues entre Liebknecht et Vollmar, c'est que pour Liebknecht
le socialisme d'Etat constitue un véritable danger pour le
parti. « Les grands propriétaires, dit-il, ne demandent que
l'avènement du socialisme d'Etat. Ils céderont leurs pro-
priétés à l'Etat et deviendront les satrapes de l'Etat socialiste. Pensez-vous que maint *Junker* qui ne peut plus se
soutenir n'est pas disposé à céder à l'Etat, en échange de

_____

(1) Voir le *Vorwaerts* du 10 novembre 1801.

privilèges et d'un revenu assurés, ses biens fonds couverts d'hypothèques[1] ? » — Suivant Vollmar, au contraire, personne ne pense sérieusement au socialisme d'Etat. « *Liebknecht, dit-il, voit les choses trop en noir.* » Suivant lui, la démocratie sociale n'a pas à craindre sérieusement la concurrence déloyale du socialisme d'Etat.

On voit par là que la démocratie sociale continuera plus que jamais à répudier toute attache avec le socialisme impérial et qu'elle entend conserver son caractère nettement révolutionnaire. — Aujourd'hui comme par le passé, elle ne verra dans toutes les mesures partielles que prendra l'Etat allemand pour soulager la situation présente de l'ouvrier que des mesures palliatives, des acomptes qui ne doivent pas détourner le socialisme de son but suprême et définitif : la Révolution.

Ne soyons donc pas étonnés de cette invitation adressée par le Congrès de Berlin aux autorités allemandes, invitation précédée de la réserve significative du début, où la démocratie sociale conserve résolûment son attitude de parti militant et intransigeant : « Bien que les suites du capitalisme ne puissent être détruites sous le règne du capitalisme et qu'une juste et humaine organisation de la société ne puisse être atteinte que par l'avènement au pouvoir de la démocratie socialiste révolutionnaire, toutefois l'Etat et la commune ont le devoir même dans la société actuelle de porter secours aux malheureux et de les défendre contre la faim. Comme l'aumône est dégradante et que le meilleur secours est celui qui consiste à donner du travail, le Congrès invite les autorités de l'empire, celles des Etats et celles de la commune à porter remède au manque

---

[1] Liebknecht, discours du 18 novembre 1802. Voir aussi Bebel, *Zukunftstaat und Sozialdemocratie.*

de travail par l'entreprise immédiate de travaux d'intérêt général[1]. »

En résumé, le Congrès de Berlin a confirmé pleinement les résolutions prises au Congrès d'Erfurt. Le socialisme d'Etat serait une nouvelle forme de tyrannie. Il ne peut y avoir rien de commun entre les éléments sociaux qui constituent le régime actuel et le régime idéal rêvé par la démocratie sociale. La société présente est entièrement gangrenée. Aucun organe n'en sera gardé dans la future société socialiste.

Voici maintenant la question : Par quels éléments sociaux, par quelle organisation nouvelle remplacera-t-on ce qui existe aujourd'hui ?

Sur ce point les chefs du parti socialiste allemand, se conformant en cela à la doctrine de Marx, gardent le plus profond silence. Ou plutôt, ils se contentent de déclarer qu'il n'y aura, dans la future société, aucune organisation définie, aucun *Etat* dans le sens où nous prenons le mot aujourd'hui. « Il n'y aura pas d'Etat socialiste, dit Bebel, il n'y aura que la société socialisée[2]. »

L'évolution sociale aura dans l'avenir des formes imprévisibles aujourd'hui et hors de proportion avec tout ce que nous avons connu jusqu'ici. — Partant de là, Bebel rejette comme indiscrète et absurde en soi toute question sur l'organisation de la société future. Le marxisme est une orthodoxie et comme toute orthodoxie il a ses mystères que le profane ne doit pas pénétrer. La brochure de Bebel *Zukunftstaat und Sozialdemocratie* constitue à ce point de vue une véritable mystification. Le titre promet une esquisse de société future et la brochure est consacrée à

(1) Résolution relative à la crise économique (Congrès de Berlin).
(2) Bebel. *Zukunftstaat u. Sozialdemocratie.*

démontrer qu'il n'y a pas, et qu'il ne peut y avoir de plan d'avenir concernant la future société socialiste. « *Je vous demanderai alors*, s'écrie Bebel, s'adressant aux députés du centre catholique, *comment vous vous représentez cette vie future dont vous parlez sans cesse.* » (*Séance du Reichstag, 3 février.*) Et ailleurs : « ceux qui ont conçu les premiers la pensée de reconstituer la nationalité allemande n'avaient en vue aucun moyen pratique, aucune organisation plus ou moins analogue à celle qu'a réalisé l'Empire allemand. Il résulte des documents de l'historien Schmidt, d'Iéna, que le baron *de Stein* avait fait sur la future organisation de l'Allemagne les hypothèses les plus absurdes et les plus éloignées de la réalité. » (*Séance du Reichstag, 3 février.*) « N'exigez donc pas de nous, conclut Bebel, des vues précises sur la future société. »

Ce refus de donner aucun éclaircissement sur le futur État socialiste satisfera peut-être l'Allemand, Hegelien, qui croit à la toute-puissance de la mystérieuse et fatale évolution. Mais il satisfera difficilement les esprits français, qui aiment avant tout à voir clair devant eux. Marx, raillant l'idéalisme français de Proudhon et ses appels fréquents à l'idée de la Providence, dit quelque part : « La Providence est la locomotive qui fait mieux marcher tout le bagage philosophique de M. Proudhon que sa raison pure et évaporée [1]. » Il faut reconnaître que l'évolution hegelienne constitue pour les sociologues marxistes un moyen de se tirer d'embarras tout aussi commode que la Providence de Proudhon.

M. Ziegler qui aime, lui aussi, à voir clair devant lui, se refuse à suivre le socialisme marxiste jusque dans les ténèbres de l'évolution hegelienne et peut-être se rappe-

---

(1) K. Marx. *Das Elend der Philosophie.*

lant la formule : *Qui trop embrasse mal étreint*, il réduit le socialisme à une question morale qui, selon lui, peut être déjà, sur le terrain même de notre organisation actuelle, partiellement résolue.

Ici plus de vaines hypothèses, plus de rêverie ; mais la certitude et l'action. Le titre du livre en indique à lui seul l'esprit. *Die soziale Frage eine sittliche Frage* n'est pas l'œuvre d'un socialiste démocrate, d'un disciple de Marx. Ce qui caractérise le marxisme, c'est que, suivant lui, les transformations sociales extérieures ont une toute-puissance absolue sur l'être moral et intérieur. « Changez le monde et vous aurez une humanité nouvelle. »

Suivant M. Ziegler, cette influence du dehors sur le dedans n'existe pas. Il faut au contraire agir sur le dedans, développer dans les âmes l'esprit social par opposition à l'esprit individualiste. La réforme sociale doit être surtout une réforme morale. Au lieu de perpétuer et d'exaspérer la lutte des classes, il faut l'atténuer. Le remède consiste à organiser la « masse » sociale et à réagir contre les tendances dissolvantes de l'individualisme. Tel est le point de vue auquel M. Ziegler se place pour envisager successivement toutes les grandes questions sociales à l'ordre du jour : nature de l'Etat, organisation de la famille, organisation de la propriété, émancipation de la femme, etc.

M. Ziegler n'est pas un économiste, mais un moraliste. Par là même ses doctrines sociales se rapprochent beaucoup de celles des *kathedersozialisten*, des Schmoller, des Brentano, etc., qui introduisent la morale dans l'économie politique. Son livre est une tentative sincère pour résoudre pacifiquement la question sociale. *Stuart Mill* met au nombre des conditions de la stabilité politique dans les sociétés humaines l'existence « d'un *système d'éducation et de discipline s'opposant à la tendance naturelle des hommes à l'anarchie* ». C'est au fond l'idée dont s'inspire le livre de M. Ziegler.

G. PALANTE.

LA QUESTION SOCIALE

EST

UNE QUESTION MORALE

INTRODUCTION

Le 20 février et le 1ᵉʳ octobre 1890 sont deux dates importantes dans la vie du peuple allemand. La première est marquée par une élection au Reichstag, dans laquelle le parti socialiste démocrate affirma son incontestable supériorité; la seconde par l'abrogation de la loi sur les socialistes du 21 octobre 1878, qui fut abolie après avoir été en vigueur pendant douze ans. Quoi d'étonnant qu'un sentiment d'inquiétude ait gagné beaucoup d'esprits, qu'on se soit demandé de toutes parts ce qui allait arriver, et que des craintes et des angoisses de tout genre se soient fait jour en présence des scènes tumultueuses et des explosions révolutionnaires?

On attendait avec une extraordinaire impatience le troisième grand événement que la marche du mouvement socialiste devait apporter au cours de l'année 1890, le Congrès de Halle du 13 au 28 octobre.

Ce congrès, il est vrai, parut mettre en lumière moins la force que la faiblesse du parti socialiste. De misérables disputes personnelles éclatèrent au grand jour dans les débats, échauffèrent les esprits, bien qu'elles fussent en partie tenues secrètes, et firent prévoir une scission imminente et un schisme au sein du parti. — Mais qu'on ne s'y trompe pas ; tout cela est resté superficiel et quand même les choses devraient aller jusqu'à une scission entre les Jeunes et les Vieux, la solidité du parti et sa force de résistance contre ses adversaires n'en recevraient pas une sérieuse atteinte.

En revanche, deux événements d'une signification durable et d'une haute portée se dégagent du Congrès de Halle. Le premier est la déclaration de Liebknecht dans laquelle il avoue que la loi d'airain est indémontrée et indémontrable et même qu'elle est tout à fait fausse. Le second est le maintien de l'article si combattu du programme de Gotha : « Les croyances religieuses sont l'affaire de chacun. »

Par la déclaration de Liebknecht, la démocratie socialiste, à ce qu'il me semble, a abandonné au moins en principe le terrain révolutionnaire et s'est transformée en un parti de réformes. — De réformes radicales naturellement ; — mais elle peut avoir l'espérance en mettant les choses au mieux, d'arriver à ses fins sans renversement absolu de la société et sans révolution. Et ainsi elle est devenue, si l'on veut me permettre cette expression, un parti de gouvernement.

Par la seconde résolution, la puissance de propagande du parti et sa force d'expansion se sont trouvées considérablement augmentées. Il s'est épargné un conflit — conflit d'importance capitale — avec l'Eglise. S'il est une Eglise qui veuille pactiser avec lui ou des adhérents d'une confession religieuse qui désirent s'enrôler sous sa bannière, cela leur est désormais possible, comme cela l'est déjà en Angleterre. Au contraire, un mouvement qui se serait présenté comme athée ou antireligieux n'aurait eu, dès le début, auprès de nos populations encore en grande partie attachées à la foi religieuse, aucune chance de succès. Ainsi disparaît un

ostacle capital à la conquête de ces populations qui,
ans maintes contrées de l'Allemagne, semblaient devoir
ester réfractaires à la propagande du parti.

Ainsi le Congrès de Halle, malgré son insuccès appa-
nt et ses dehors peu imposants, signale au fond une
norme augmentation de force et d'influence dans le
arti socialiste démocrate. Et l'on aura dans l'avenir
compter avec lui tout autrement que jusqu'à pré-
nt.

Personne dans le peuple ne méconnaît la gravité du
oment ; mais dans les classes dirigeantes on n'en a
as bien conscience. La question sociale est devenue
ne sorte de verre rouge à travers lequel tout le monde
nvisage la situation générale avec toutes les questions
tous les problèmes qui s'y rattachent. Nous nous
ouvons au milieu d'une crise qui absorbe nécessaire-
ent tous les autres intérêts ou les façonne à son image
qui avec une brutalité menaçante s'impose à l'atten-
on des plus aveugles et des plus indifférents en les
ontraignant de prendre parti.

Les faits qui sont le point de départ de la question
ociale ne sont pas nouveaux. S'ils ne sont pas aussi
nciens que le monde, ils existent du moins depuis
u'il y a une civilisation, j'entends une civilisation déve-
ppée et une histoire de cette civilisation. Ils ont été
squ'à présent l'accompagnement nécessaire, le produit
aturel et toujours renaissant de cette civilisation. Nous
enons d'apprendre par un écrit nouvellement décou-
ert d'Aristote [1], qu'à Athènes, avant Solon, les causes
la longue lutte entre le peuple et la noblesse ont été
es causes sociales. « Toute la propriété foncière, nous
t-il dit dans cet ouvrage, se trouvait entre les mains
un petit nombre de riches auxquels les paysans ap-
uvris étaient asservis avec leurs femmes et leurs en-

(1) Aristote. *La politique des Athéniens*, ch. II.

fants, ils s'appelaient « assujettis » ou « *sextaires* » par
ce qu'ils ne recevaient qu'un sixième du revenu de l
terre comme salaire de la culture des champs. Ils de
vaient abandonner les cinq autres sixièmes et lorsqu'il
s'étaient mis en retard, leur personne et celle de leur
enfants tombait aux mains des propriétaires du sol ; car
« en principe le peuple n'avait aucun droit ». Rome ave
les troubles des Gracches et les révoltes d'esclaves, l
moyen âge avec les guerres de paysans, eurent leur
révolution sociale.

Mais combien plus puissant et plus vaste, combien
plus profond et plus radical est le mouvement qui se manifeste aujourd'hui ! Ce n'est pas pour le renversement
d'une oppression momentanée ; c'est pour la transformation de notre civilisation tout entière et de la vie
humaine elle-même que l'on combat. — Tout ou rien —
c'est entre ces deux extrêmes qu'il faut choisir.

Il est naturel de se demander quelles sont les causes
d'un mouvement si profond. Mais si je devais rechercher et expliquer en détail comment les conditions de la
vie économique moderne, avec le capitalisme, la grande
industrie, le travail des machines, la division du travail,
se sont établies peu à peu ; comment ensuite elles ont
abouti à une oppression plus intolérable que jamais et
ont porté les choses à un point si dangereux, je dépas-
serais considérablement les limites de ma science et je
m'exposerais à un humiliant rappel à l'ordre de la part
des économistes de profession, car je ne suis pas économiste, et ma compétence dans les questions qui relèvent
de cette science ne dépasse pas cet ensemble de connaissances que chacun de nous doit chercher à acquérir dans
un domaine voisin de son propre champ d'études.

Donc me voilà comme Saül parmi les prophètes.
C'est ce qu'on m'objectera. Et un critique scrupuleux,
si j'en rencontre un, peut se dispenser de poursuivre la
lecture de cet ouvrage et constater en se fondant sur

mon propre aveu que je n'ai des choses économiques qu'une connaissance superficielle. Je ne suis qu'un moraliste, égaré parmi les économistes!

Et pourtant, je ne suis pas assez insensé ni assez présomptueux pour m'avancer ainsi sans plus de façon sur un terrain étranger. Je ne suis pas non plus assez étourdi, quand il s'agit d'une chose aussi sérieuse que la question sociale, pour prendre part en intrus à la discussion et m'imposer de force. Il faut donc que je pense qu'ici le moraliste a certaines choses à dire. L'économiste ne serait peut-être pas capable de les dire également bien; ou plutôt il ne pourrait leur donner le développement qu'elles demandent ou même n'aurait pas l'occasion de les aborder.

Heureusement pour justifier mon entreprise, je n'ai pas besoin de prouver que la science économique est une province voisine de cette partie de la philosophie dont je m'occupe spécialement : l'Ethique [1]. Deux faits historiques manifestent clairement cette union étroite des deux sciences qui a été proclamée dans tous les temps, bien qu'elle n'ait pas toujours été également reconnue.

La discussion des questions économiques se présente pour la première fois dans l'*Ethique* d'Aristote à propos de la théorie de la justice. Les vues économiques du moyen âge se trouvent rassemblées de la manière la plus complète et la plus systématique dans la partie éthique de la *Somme* de saint Thomas d'Aquin, le grand Scolastique dont la doctrine conserve ou retrouve de nos jours une autorité canonique dans l'Eglise catholique et dans le monde. Enfin le fondateur de l'Economie politique dite classique qui, bien qu'atta-

---

(1) Cfr. l'article de Fr. Jodl, *Volkswirtschaftslehre und Ethik*, dans les *Holtzendorff's deutschen Zeit-und Streitfragen*, Jahrg. XIV (1886), Heft 224.

quée sur un grand nombre de points, est loin d'être délogée de ses positions, Adam Smith, a écrit une *théorie des sentiments moraux* avant de rechercher *la nature et les causes de la richesse des nations.*

A la vérité, cette évolution qui s'accomplit chez Smith, évolution par laquelle la dépendance réciproque des deux sciences, essentielle et doctrinale chez les autres, devient chez lui tout accidentelle peut donner déjà à réfléchir. Un autre fait significatif et propre à éclairer l'état de la question, c'est qu'en 1880, un économiste[1], auteur d'un excellent *Essai sur la justice dans l'économie politique* se croit obligé de se justifier du choix de ce sujet. « Peut-être, dit-il, sera-t-il regardé comme suranné et antiscientifique ou comme soulevant la discussion d'une question oiseuse. »

D'autre part, l'Ethique n'a jamais perdu de vue une fille qui s'émancipait de plus en plus et n'a jamais oublié son ancienne et étroite union avec l'économie politique. Il n'est pas étonnant qu'en notre temps où le souci des intérêts matériels devient prédominant, elle veuille aborder de son côté ces problèmes, les plus positifs et les plus concrets de tous, pour les examiner à son point de vue particulier. — Un coup d'œil sur les ouvrages des moralistes modernes montre effectivement partout le mot « social » placé au premier plan ; l'Ethique veut être une science sociale et un ou plusieurs chapitres de chaque ouvrage de ce genre sont sûrement consacrés à la question sociale, le titre seul promet souvent qu'à la doctrine éthique sera jointe une esquisse de la science sociale.

Bien que je n'aie pas une si haute ambition, ce que j'ai dit fera cependant comprendre dans quel esprit je prendrai la parole sur cette grande question. Je ne

---

(1) Gustav. Schmoller. *Sozial-und Gewerbe politik der Gegenwart.* Reden und Aufsäze, 1890, p. 204-246.

parlerai que de son côté moral. Qu'elle ait un tel côté et même peut-être qu'elle soit au premier chef une question morale, c'est ce qui résultera clairement de ce que je dirai. Il y a aussi d'autres faces de la question à côté de celle-là; ce sont même celles sur lesquelles on insiste le plus ordinairement. D'ailleurs aucun de ces aspects ne peut être complètement isolé des autres. C'est pourquoi mon étude ne s'achèvera pas sans diverses incursions sur les autres domaines. Mais le point de vue essentiel reste absolument pour moi le point de vue moral.

Parmi les multiples points de vue de la question, il en est encore un qui peut être signalé, bien qu'il s'aperçoive de lui-même : une question qui s'étend dans tant de directions diverses, une question si vaste et si complexe n'admet pas une solution simpliste et immédiate. La prétention de trouver une telle solution, l'expression même de solution, naturelle pourtant, puisque c'est là ce que nous devons chercher, peut sembler téméraire pour ne pas dire audacieuse et insensée. Cette question, la plus vaste de toutes celles qui se rapportent à la civilisation, ne sera résolue, autant qu'elle peut l'être dans son ensemble, que par l'histoire du monde. Aucun individu, fût-il le plus puissant, ne pourra la faire disparaître ni lui donner une solution satisfaisante. Chacun pour sa part et dans la mesure de ses forces, et en particulier les puissants de la terre, n'en sont pas moins tous appelés à collaborer à cette solution qui sera l'œuvre de l'histoire.

Je ne m'avance donc pas avec une nouvelle recette toute prête pour la guérison du mal social. Je n'ai rien de pareil à offrir. Dans cette question qui agite le monde et qui embrasse la vie de l'humanité, c'est une pensée d'une haute portée morale que si la solution suppose un idéal, c'est pourtant dans le réel que se trouvent les premiers éléments du problème. La connaissance du

présent, de son origine et de sa nature est la première
condition pour comprendre la valeur des choses en vigueur aujourd'hui et passées dans la vie et dans les
mœurs. Puisque ce qui paraît aujourd'hui éternel a
souvent perdu demain sa force et sa valeur, puisqu'en
conséquence le présent est toujours un devenir et une
évolution, on est amené, quand on examine le problème avec un esprit critique, à rechercher non pas
tant ce qui doit que ce qui peut être fait [1]. Ce n'est donc
pas une solution ou des solutions que nous allons présenter, mais des aperçus sur les formes possibles de
l'évolution sociale et sur leur valeur probable. Ce qui
légitime dans tous les cas cet essai, c'est que je me propose simplement d'examiner ce qui existe et ce qui peut
en sortir sans compromettre nos biens les plus pré-
cieux.

En même temps s'impose ici, en raison de la gravité
et de l'importance du problème, le droit aussi bien que
le devoir d'user d'un style simple, parfaitement exempt
de passion, de verbiage et de pathos. — Et maintenant
à l'œuvre.

(1) J'ai développé davantage cette idée dans les *Philosophische
Monatshefte*, Année 1890, p. 120-147 : *Ethische Fragen und Vor-
fragen*, 1.

CHAPITRE PREMIER

INDIVIDUALISME ET SOCIALISME

Comme on sait, on s'efforce dans les différents partis, tantôt avec une inquiétude réelle, tantôt avec une méchanceté calculée, d'accuser ses adversaires politiques de la naissance du mouvement socialiste.

Ce reproche s'adresse notamment au libéralisme qui, dit-on, doit en première ligne être le coupable. Ce reproche ne manque pas de fondement. — Seulement, pour moi, il ne peut être question ici de faute ou de crime, pas même de tort et de responsabilité. Il n'y a qu'un fait historique nécessaire.

Le moyen âge est une époque de dépendance et de servitude dans tous les domaines de la vie humaine : dépendance du chrétien vis-à-vis de l'Église, du vassal vis-à-vis du seigneur, du serf vis-à-vis du propriétaire foncier, de l'artisan vis-à-vis de la corporation, de l'homme de science vis-à-vis du dogme. Depuis le XV⁰ siècle a commencé pour les peuples civilisés d'Europe le grand mouvement de réaction contre cet esclavage universel. Le premier élan de ce mouvement d'affranchissement, le premier grand acte de ce drame de l'histoire universelle fut la Renaissance avec la Réforme, le second, la philosophie de l'émancipation et des lumières, au XVIII⁰ siècle; le troisième, mais non sans doute le dernier, la Révolution française.

Il est un reproche qu'on peut adresser à toute tentative d'affranchissement ou plutôt à l'idée même de liberté;

1.

reproche sans cesse renaissant. La liberté, dit-on, est
une idée toute négative; liberté signifie suppression de
quelque chose d'existant; elle ne peut constituer une force
positive et créatrice. Il y a quelque chose de juste dans
cette accusation; mais à tout prendre le reproche porte à
faux. Tant qu'il y aura dans l'humanité des choses qui ne
doivent pas exister, des situations injustifiables, des institutions nées de l'injustice, des barrières et des chaînes
pour assurer l'esclavage, il faut reconnaître en face de tous
ces abus l'existence d'un droit imprescriptible de protestation et d'insurrection. Car on ne peut regarder comme
saint et inviolable ce que l'humanité dans son ensemble ou
dans une grande partie de ses membres subit avec horreur
et indignation.

L'esprit du moyen âge devait, par réaction, imprimer
au mouvement d'émancipation des temps modernes une
direction individualiste. Le libéralisme, à ses origines, se
confond avec l'individualisme. Cette communauté d'origine et de tendance n'est peut-être pas avouée par lui;
elle n'en constitue pas moins son principal droit à l'existence, son principal titre de gloire. Ce fut précisément
parce que le libéralisme trouva, dans tous les domaines de
la vie, l'individu opprimé et odieusement écrasé, que la
lutte qu'il engagea fut décisive pour l'affranchissement de la
personne humaine. Il triompha pour la première fois dans
le grand mouvement de la Renaissance, cette révolution
esthétique de l'humanité européenne où, au sein d'un
retour à l'antiquité, furent revendiqués les droits de la
libre personnalité dans toutes les applications de son activité naturelle, l'art, la vie réelle, les relations sociales, la
civilisation, l'éducation. Il triompha encore dans la Réforme
qui affranchit la conscience et la foi du chrétien de la juri-
diction de l'Eglise et qui découvrit dans le *sujet* et le *moi*,
avec tous les devoirs et tous les droits du chrétien, la
source de toute autorité religieuse et morale. Il triomphe
enfin dans la philosophie moderne qui, dès l'origine, place

dans le *moi* le principe et la fin de tout et qui finit par lui conférer une souveraineté et une valeur véritablement universelles. Le libéralisme a exercé également son influence sur les rapports de l'individu et de l'Etat. L'idée jamais réalisée il est vrai, mais fermement et obstinément poursuivie d'une monarchie européenne fait place au régime des nationalités indépendantes. Au sein de ces dernières triomphe d'abord le despotisme individuel avec sa formule : « l'Etat, c'est moi. » Puis la formule est renversée; elle devient celle-ci : « Les moi sont l'Etat. » La conception atomistique des « individus souverains » soutenue dans la théorie du *contrat social* de Jean-Jacques se réalise dans la Révolution française.

De plus, grâce au progrès des idées religieuses et philosophiques et à tout l'ensemble de l'évolution des peuples européens, le tiers état et la bourgeoisie et après eux les masses profondes du peuple ont pris une part toujours plus grande aux résultats et aux bienfaits de la civilisation. L'esprit critique, de nos jours, ne se laisse plus excommunier et interdire. Ces faits jettent une pleine lumière sur la question et nous permettent de comprendre quels rapports le socialisme soutient en réalité avec le libéralisme.

Il est incontestable qu'il existe entre eux un double rapport tout à fait remarquable. Sans le libéralisme, le socialisme est absolument inconcevable. D'autre part pourtant, il n'existe pas d'adversaires plus irréconciliables que le libéralisme et le socialisme. Cette relation peut être indiquée ici d'une façon brève et générale : le socialisme est essentiellement libéral; il s'inspire d'idées d'affranchissement et d'émancipation qui sont, de nos jours, la condition et la garantie la plus sûre de son existence. Ce qu'il s'efforce d'obtenir n'est rien moins que l'affranchissement des travailleurs vis-à-vis de la toute-puissance du capital. Mais en même temps il combat l'esprit du libéralisme; il l'attaque de la façon la plus vive parce que ce dernier, loin d'être socialiste, est essentiellement individualiste et

représente l'antithèse du socialisme. A l'extension sans
bornes de l'individu et de la propriété individuelle qui
n'est que le prolongement de la personne, il oppose ce mot
d'ordre nouveau : la propriété privée doit être abolie et sur
ses ruines il faut établir la propriété commune de tous les
instruments de production, la socialisation de la production et de la consommation nationales.

Avant d'aller plus loin, examinons d'un peu plus près ces
deux tendances opposées. L'esprit de critique et de destruction est le côté négatif du socialisme, essentiellement
hostile à l'ordre social actuel. Il est en même temps l'arme
la plus puissante aux mains des agitateurs socialistes démocrates. On a pu dire avec un semblant de raison que la
tendance d'où le socialisme est né est un pessimisme destructeur et nihiliste. Là est peut-être la racine de sa puissance ; là est le secret de sa force d'expansion toujours
grandissante. C'est par là qu'il attire à lui, en dehors des
partisans réellement convaincus de ses doctrines, des re-
crues populaires qui lui servent d'appoint les jours d'élections. — Je ne veux pas écrire un manifeste incendiaire
en faveur des idées socialistes démocrates ; autrement je
réunirais ici les différents griefs invoqués par les fauteurs
de cette agitation passionnée. Leurs plaintes désespérées
et farouches sont assez connues et nous les rencontrerons
plus loin en détail chacune en son temps. La question que
nous devons poser ici est tout autre. La voici : En premier
lieu, ce mécontentement est-il légitime en principe et en
droit ? — En second lieu, trouve-t-il une justification dans
notre situation sociale actuelle ?

D'une certaine manière, le premier point est aisé à élu-
cider. La maxime : *plie et tais-toi* peut, dans tel ou tel cas
particulier, exprimer le devoir. La soumission aux coutumes existantes et à l'autorité établie peut être dans certaines circonstances une obligation morale [1]. — Toutefois

(1) Voyez les développements que j'ai consacrés à cette ques-

dans la marche de l'histoire, l'agent du progrès n'est pas
cette résignation patiente, cette adaptation passive à la
réalité donnée, mais plutôt ce sentiment de mécontentement, cette agitation inquiète qui aiguillonne les esprits
et éclate parfois dans de sauvages révoltes. « Vous avez
écouté la parole du passé; voici la parole de l'avenir, »
tel est le langage que tient à l'humanité l'esprit du progrès. C'est seulement quand un temps est accompli,
c'est quand le *moi* qui se révolte contre l'ancien état de
choses sait en formuler un autre meilleur, que sa voix
peut porter et entraîner le monde à sa suite. — Mais qui
oserait dire que les temps sont remplis et que l'heure a
sonné pour une nouvelle organisation du monde ? — C'est
pourquoi il est difficile de répondre à la seconde question
que nous avons posée : ce mécontentement profond, provoqué par notre situation sociale et qui se manifeste chaque
jour dans l'agitation socialiste a-t-il une raison d'être sérieuse et réelle ? — Ne rendons pas toutefois la réponse
trop difficile. — Oui, il existe un mal social d'une vaste
étendue et d'une profondeur effrayante : c'est ce que
depuis longtemps personne n'ose plus nier. Le rude hiver
des mois derniers devait sur ce point ouvrir les yeux et les
oreilles des plus incrédules. L'extrême misère des tisse-
rands du plateau de Glatz n'est qu'un cas entre mille, et il
ne peut y avoir de contestation que sur l'étendue et la
profondeur du mal. On doit du moins laisser aux malheureux le droit d'évaluer eux-mêmes l'étendue de leurs mi-
sères; les privilégiés de la vie n'ont pas le droit et encore
moins le moyen de le faire à leur place. On ne peut prétendre non plus que ces plaintes soient provoquées et entre-
tenues artificiellement. Notre civilisation présente de tous
côtés le même aspect. Il y a en elle beaucoup d'éléments

tion dans mon livre *Sittliches Sein und sittliches Werden*, 2º éd.
1890, p. 38 et suiv. V. aussi Harald Höffding, *Die Grundlage der
humanen Ethik*, 1880.

caduques et corrompus. Tout le monde les voit et nous sommes tous d'accord pour reconnaitre les vices de ce « merveilleux édifice » ! Les avis ne peuvent différer que sur l'étendue et la gravité du mal.

Faisant un pas de plus, nous nous demanderons maintenant si les raisons qui ont provoqué ce mécontentement sont accidentelles ou si elles tiennent à l'essence même de l'ordre social actuel. La crise sociale est-elle inévitable ou peut-elle être conjurée? Résulte-t-elle nécessairement de notre organisation économique et plus généralement de tout l'ensemble de notre civilisation? C'est à propos de la réponse à donner à ces questions que nous voyons se poser nettement l'opposition du système libéral individualiste et du système socialiste. Ils sont d'accord sur un point; c'est qu'il existe entre la crise sociale et la forme de notre civilisation un rapport intime; mais leur interprétation de ce fait fondamental est tout à fait différente et même diamétralement opposée.

Le libéralisme voit dans la crise sociale dont il ne songe pas d'ailleurs à méconnaitre l'existence, une nécessité inévitable. Elle est pour lui comme l'ombre qui suit la lumière de la civilisation; elle est fondée sur les lois immuables de la nature et de la société humaine, sur la lutte pour l'existence qui est la loi du monde humain comme du monde organique, sur l'histoire tout entière et sur toute l'évolution de la civilisation. — « Aucune civilisation sans salariés; » — « l'inégalité des classes résulte nécessairement de la civilisation fondamentale de la société. » La loi est universelle et sans exception. « Il n'est réservé qu'à une minorité de jouir des biens supérieurs de la civilisation. » La grande majorité travaille à la sueur de son front. « La masse doit toujours rester la masse. C'est l'ordre juste et nécessaire. » L'accroissement de la population et de ses besoins maintient imprescriptible cette antique loi : » La majorité des hommes doit vivre dans une situation médiocre et le temps moyen du travail ne peut être diminué. » C'est ainsi que

Treitschke [1], à l'époque où il soutenait le libéralisme formulait avec une clarté aussi superficielle que brutale la doctrine du laisser aller, laisser faire.

Toutefois, ce mal nécessaire et inhérent à l'organisation sociale est loin d'être, comme pourrait le croire un observateur superficiel, immuable et sans degré. La misère sociale ne disparaîtra jamais; l'hostilité des classes ne cessera pas; mais celle-là diminuera et deviendra plus supportable; celle-ci perdra de son âpreté et de sa férocité. Et ainsi nous pouvons nous représenter ces deux maux comme une grandeur qui décroît continuellement, bien qu'ils soient un facteur essentiel et éternel de la vie sociale.

Non —, répond le socialisme; la misère et l'oppression des classes inférieures ne sont pas le fait de toute civilisation, mais seulement de votre civilisation à vous, née et développée sur le sol de l'individualisme. Et c'est pourquoi il n'y a rien en tout cela de nécessaire ni d'éternel. Le mal que vous chercheriez vainement à diminuer par vos expé-

---

(1) Ces passages sont tirés de l'article de Treitschke : *der Sozialismus und seine Gonner* dans les *Preussiche Iahrbücher*, t. XXXIV, 1874, p. 64-110 et p. 248-301. — Höffding déclare, dans son *Éthique* (1888, p. 278), que cette conception sociale qui est celle des conservateurs trouve sa formule classique dans cet article de Treitschke. L'auteur pense-t-il encore aujourd'hui comme en 1874 ? Il est permis d'en douter après toutes les transformations par lesquelles il a passé dans l'intervalle. En tout cas Schmoller contre qui est dirigé cet essai a grandement raison lorsque, disant un mot de cette querelle dans ses considérations *Zur Sozial und Gewerbe Politik der Gegenwart*, il s'exprime ainsi : « Je crois avoir en ce temps-là mieux lu dans l'avenir que mon honorable collègue qui, au nom des intérêts de la haute culture intellectuelle et esthétique qu'il croyait menacée, m'excommuniait comme étant un socialiste insensé. » — Je puis me flatter de m'être dès cette époque rallié à l'opinion de Schmoller plutôt qu'à celle de l'historien qui se montrait alors si peu favorable aux réformes sociales. Je ne serais plus disposé cependant à défendre de tous points les conclusions de mon article : *Republik oder Monarchie? Schweiz oder Deutschland ?* (1877).

dients et vos petits moyens peut être aboli d'emblée et de fond en comble. Avec la cause disparaît l'effet. La crise sociale cessera le jour où l'on en finira avec l'organisation individualiste de la société.

Le pessimisme socialiste, tel qu'il s'oppose à l'optimisme libéral, n'est donc pas définitif. Le socialisme condamne l'organisation actuelle, mais non toute forme de société. Il aboutit même à un réel optimisme, à l'affirmation d'un avenir meilleur, d'un âge d'or futur. Les socialistes ont donc une foi, un idéal, idéal, il est vrai, bien vague encore et bien difficile à définir. — Mais l'histoire nous apprend que la foi et l'idéalisme ont toujours été les deux grandes forces et qu'elles ont toujours triomphé dans le monde.

Nous voyons ainsi ces deux conceptions sociales, nous pourrions presque dire ces deux systèmes du monde, issus d'une même source, se séparer l'un de l'autre et accuser de plus en plus leur opposition. Il importe de les examiner de plus près dans leurs effets et dans leurs applications à la vie sociale. Commençons par la conception individualiste; nous passerons à la conception socialiste dans les chapitres suivants.

L'individualisme libéral peut se définir une conception mécanique du monde. Il s'en faut de beaucoup que ce caractère lui soit essentiel; au contraire. L'individu dans son fond élève une protestation irrésistible contre tout mécanisme destructeur de l'individualité. Là est la source de sa force comme le principe de son droit. C'est ce que le libéralisme n'a pas compris, et par suite il ne s'est pas compris lui-même. Là est sa contradiction interne; là est la lacune fondamentale qu'il n'a jamais pu combler. — Comment en effet se représente-t-il l'humanité? comme un agrégat d'individus, atomes sociaux identiques en nature, impénétrables et égaux les uns aux autres. Leurs agglomérations sont purement accidentelles, éphémères et artificielles; car elles ne reposent que sur un contrat arbitraire. Elles n'ont aucun caractère de nécessité ni de permanence et n'ayant d'autre raison d'être que l'utilité et l'agrément des individus, elles ne possèdent aucune valeur, aucune autorité propre. La totalité ou la majorité des individus est le seul souverain.

En politique, la conception individualiste du *contrat social* a ruiné l'absolutisme de la royauté. Elle a proclamé le droit de tout individu à déchirer le pacte social, le droit à l'insurrection. Elle a donné naissance à cette doctrine de l'État et de ses fonctions à laquelle Guillaume de Humboldt a donné la plus forte expression dans son écrit *Recherches sur les limites de l'action de l'État* et qui se résume dans cette thèse fondamentale : l'État s'abstient de toute intervention en faveur du bien-être positif des citoyens. Il se contente de garantir leur sécurité à l'extérieur et à l'intérieur. Là s'arrête rigoureusement sa fonction et son droit [1].

En morale, l'individualisme place dans le *moi*, dans la conscience de chacun la règle suprême du bien et du mal. La vertu consiste à suivre ce guide individuel. Ce n'est pas le résultat, mais le motif de l'acte qui en fait la moralité. En morale, l'homme est absolument libre et la loi qui le lie est une loi de sa nature rationnelle ; elle est une autonomie, non une hétéronomie.

Si, en politique, l'autorité de l'État, en morale, celle de la conscience constituent un frein pour l'individu et s'opposent encore aux prétentions excessives de l'individualisme, en économie politique, toute entrave disparaît absolument. Ici, en fait et peut-être plus encore en théorie, il n'existe que des individus en face d'autres individus. L'individu n'est plus considéré comme un être qui entretient des relations morales et qui par suite est soumis à certaines obligations, il n'est plus qu'un être qui produit, échange et consomme des richesses. Et comme tel, sa devise est :

---

(1) Wilhelm von Humboldt. *Ideen zu einem Versuch, die Grenzen der Wirksamkeit des Staats zu bestimmen*, p. 53.

chacun pour soi ; à chacun selon sa force, et *vogue la galère !*

Mais pour qu'elle vogue ainsi, ajoute l'économie politique individualiste, il faut supposer toutes les entraves, héritage du moyen âge et de la puissance absolue des rois. Plus d'esclavage ni de servage ; plus de sujétion héréditaire ; plus de corporations ni de corps de métiers ; plus de barrières empêchant le commerce d'une localité à l'autre ou d'un pays à l'autre ; plus de restrictions au droit de s'établir et d'habiter dans un pays ; plus de réglementation du mariage ni de la famille ; plus d'intervention de la commune ou de l'état dans la fixation des salaires et du prix des choses ; plus de réglementation légale des conventions relatives aux services et au travail. Il faut encore faire abstraction de la qualité qu'ont ces atomes sociaux d'être des agents moraux. Il faut que j'oublie que, dans cette poussée aveugle, je cause peut-être du dommage à d'autres et que je les meurtris en cherchant à me faire une place dans ce chaos de la mêlée sociale. Selon l'individualisme, c'est là une considération que chacun peut faire à part lui, dans sa propre conscience. Mais l'économie politique, la science sociale n'a pas à compter avec ce facteur. Celui qui a le moins d'égards pour les autres et qui les écrase avec le moins de scrupules arrive-t-il le premier et prend-il la meilleure place ? l'économie politique individualiste n'a rien à y voir. Les considérations lui sont étrangères. Elles appartiennent à la morale et depuis que l'économie politique a accompli son divorce d'avec l'éthique, elle a le droit de les repousser dédaigneusement. Il ne reste ainsi qu'une seule loi de la vie sociale : la libre concurrence. Le seul ressort de tout commerce et de tout échange est ce qu'on appelle en langage économique le profit, la rente ; en langage éthique, l'égoïsme. — L'avantage qu'on en retire, nous le voyons. C'est, au sein de la libre concurrence et de la lutte de tous contre tous, un bien-être toujours croissant, une production toujours plus abondante,

une augmentation incessante du capital; c'est le perfec-
tionnement de l'industrie, les progrès du commerce et de
l'échange, l'essor général des affaires, enfin une prospérité des individus et des nations qui dépasse ce que peut
rêver la plus audacieuse imagination.

C'est pourtant ici, au point culminant du système,
qu'apparaît son vice fondamental. C'est ici qu'il y a une
ombre au tableau. Qui sont les individus? Et qu'appelle-
t-on les nations? — Les individus ne sont jamais que des
individus et c'est une pure exagération d'oser parler du
bonheur de la nation tout entière. Dans le régime de la
libre concurrence, les choses se passent comme sur un
champ de bataille ou même pis encore. Les heureux, les
vainqueurs sont quelques-uns ; les vaincus, les morts, les
écrasés sont infiniment nombreux. Ou pour parler sans
images, l'effet réel de la libre concurrence est diamétralement opposé à son principe idéal. Celui-ci était que les
hommes, étant naturellement égaux, ont un droit égal à
prendre part à la lutte et à faire triompher leurs intérêts.
Et le résultat final de ce régime est d'engendrer le capital
et la propriété, de détruire la liberté! Il est réservé à quelques forts de participer aux jouissances de la vie. L'immense
majorité des faibles reste dans la misère et, ce qui contredit encore plus la pensée première et le principe de
l'individualisme, sous une dépendance intolérable vis-à-
vis des privilégiés.

Mais dira-t-on, pourquoi cette dépendance? L'ouvrier
n'oppose-t-il pas des droits égaux aux droits du fabricant
et du capitaliste? N'a-t-il pas le droit absolu de faire ou de
ne pas faire de contrats, de travailler ou de ne pas travailler, de quitter son atelier ou d'y rester? Soit, répon-
drons-nous ; il a le droit de tout cela ; mais a-t-il le choix?
Travailler pour n'importe quel salaire, à n'importe quelles
conditions, ou mendier et mourir de faim avec les siens,
voilà dans des milliers de cas le seul choix laissé au libre
travailleur. Ici se place la loi d'Airain, la loi de la surpopu-

lation et le principe de l'armée de réserve du capital. Nous
reviendrons sur ces points. En attendant, nous pouvons
constater que le travailleur isolé est absolument à la merci
du capitaliste et qu'il lui vend à des conditions absolument
désavantageuses son travail et en un certain sens sa propre
personne.

D'ailleurs, toujours d'après les théories de l'individualisme, le fabricant est entièrement libre d'exploiter comme
il l'entend sa supériorité économique. Si ses ouvriers ne
sont pour lui que *des bras*, c'est son affaire. Personne n'a
le droit de protéger ces bras contre lui et contre l'exploitation qu'il en fait. L'Etat lui-même n'a pas ce droit. Son
devoir est de s'abstenir de cette intervention dans les
rapports entre le patron et l'ouvrier comme en général de
toute intervention ayant pour objet le bien-être positif des
citoyens. Ainsi le veut la doctrine du laisser aller, laisser
faire, la doctrine de l'école libérale de Manchester.

Toutefois, ne nous laissons pas entraîner aux exagé-
rations des socialistes démocrates et ne faisons pas le
mal plus grand qu'il n'est. Ce qu'il est au juste, je ne le
recherche pas ici; mais je puis affirmer sans crainte que
toutes les injustices dont j'ai parlé tout à l'heure peuvent
se produire et sont des conséquences logiques du régime
de l'individualisme. Si le mal n'est pas aussi grand, on le
doit à des causes accidentelles et notamment à ce fait que
chez nous, en Allemagne, l'individualisme a trouvé dans
l'Etat, dans les mœurs et dans la conscience publique, un
puissant contrepoids qui l'a empêché de triompher complètement. Il est impossible de contester dans tous les cas
que sur beaucoup de points il se produit de graves symp-
tômes de souffrance. Et si aucun individu en particulier
ne doit être rendu responsable de cette situation, ce qui,
pour le dire en passant, est une excuse assez bizarre de la
part de ceux qui n'admettent d'autre juge que la conscience individuelle, l'ordre social dans son ensemble n'en
est que plus condamnable puisque c'est lui qui amène de

force les individus à commettre de pareilles injustices. En tout cas ce qui a été dit suffit pour montrer comment, dans le régime de l'individualisme, la liberté et l'égalité des individus, posées en principe, se changent en leurs contraires, en inégalité et en dépendance pour ne pas dire en esclavage absolu. Les conséquences sont les mêmes que dans le régime : « l'Etat, c'est moi. » Cette formule confère une liberté illimitée à un seul en enlevant aux autres tout droit. De même le régime économique de l'individualisme assure la liberté au capital et aux capitalistes en supprimant pour les travailleurs et les paüvres toute garantie et toute liberté. La masse des prolétaires, en face des riches, n'a aucun recours, aucun droit.

Le mot injurieux, le mot révoltant n'est pas ici celui de prolétaires, mais celui de *bras* et celui de *masse*. Ces expressions mettent en pleine lumière le caractère profondément immoral de notre état social. Au lieu d'individus et de personnes libres, il n'y a plus que des *bras*, au lieu d'un être humain un et vivant, il n'y a plus qu'un organe et une fonction. Et ainsi l'être total faillit à sa plus haute destination. Au lieu d'une société organisée où tout se meut pour l'ensemble, où chacun vit et agit dans les autres, nous trouvons en face de nous une masse inorganisée, inarticulée, incapable d'unité, frustrée de tous les avantages et de toutes les conquêtes de la civilisation, des jouissances que donnent la beauté, l'art, la vérité, la liberté, bref, de tout ce qui fait le prix de la vie humaine.

Est-ce là un état social admissible et justifiable au point de vue moral? Quand même, remarquons-le, nous répondrions négativement à cette question, nous ne serions pas contraints pour cela d'adopter immédiatement la solution socialiste et de la mettre à la place de l'autre régime. Si cette solution est plus satisfaisante que l'individualisme, peut-être ne répond-elle pas aux exigences de la réalité. Mais nous n'en sommes pas encore à discuter ce point.

Le mot « masse » nous a montré à lui seul l'abîme que l'individualisme a creusé sur le terrain économique entre les classes et qui menace de s'approfondir sans cesse à travers notre société. Et quand du côté des prolétaires on répond dans le programme de Gotha « qu'en face de la classe des travailleurs les autres classes constituent une masse réactionnaire », cette affirmation peut nous paraître assez comique, à nous gens des classes cultivées qui nous réclamons avant tout de notre énergie individuelle et des efforts accomplis par notre personnalité pour se dégager par le travail. Mais, au fond, cette affirmation attire notre attention sur les vices fondamentaux de notre civilisation actuelle, sur l'impossibilité où nous sommes de nous comprendre de part et d'autre et de nous concerter, sur notre manque d'entente et d'harmonie. D'après Schleiermacher, l'organisation est l'œuvre par excellence sinon l'œuvre unique de la moralité. Le terme de « masse » appliqué aux couches profondes du peuple montre mieux que tout le reste le caractère immoral ou mieux encore amoral de notre état social individualiste.

Et que faut-il entendre par ces expressions : « travail et travailleurs » ? Parce que le travail manuel, sous l'influence successive de l'antique régime aristocratique, du spiritualisme chrétien et du régime capitalistique moderne, a été longtemps un objet de mépris, les ouvriers, par réaction, revendiquent aujourd'hui pour eux seuls le titre de travailleur et dénient toute valeur au travail intellectuel.

Donc partout scission et division ; partout manque d'entente et d'organisation. En face de ce régime se dresse le socialisme qui s'oppose à lui comme un système supérieur. J'ai fait voir que le fond de l'individualisme était une conception mécanique du monde moral. Il isole l'homme dans le bien comme dans le mal ; il fait tout reposer sur l'individu et ne voit dans toute association humaine qu'un groupement artificiel et essentiellement transitoire. Au contraire, le socialisme conçoit le monde social comme un véritable

organisme. L'individu est ici membre et partie d'un tout
à la vitalité duquel il collabore. Cette conception de la
société doit s'appliquer aussi et spécialement, dit-on, aux
relations économiques dans lesquelles elle a jusqu'ici trop
peu pénétré. La société, en tant qu'elle produit et consomme ne doit plus être regardée comme un agrégat d'a-
tomes isolés, mais comme un organisme dans lequel la
production et la répartition des richesses répondent à ce
que sont dans un être vivant les fonctions d'assimilation
et de circulation [1]. Dès lors, la conservation de l'organisme
social doit apparaître à la conscience de l'individu comme
le devoir le plus élevé qui s'impose à lui ou plutôt ce devoir
prend place immédiatement à côté du devoir de conservation personnelle.

Les comparaisons de ce genre ne sont jamais entièrement
exactes, mais le sens de celle-ci est clair. Il s'agit d'amener
dans l'humanité une transformation de l'esprit individualiste en esprit social. Il faut que les hommes reconnaissent
que l'ordre économique doit, comme tout le reste, dépendre
de la morale et lui être subordonné, que les activités humaines dirigées jusqu'ici dans un sens exclusivement
égoïste ont pour destination véritable le bien de l'ensemble
et que, par conséquent, les intérêts généraux et collectifs
doivent primer les intérêts individuels.

On ne peut contester que cette conception de l'esprit
social et de son rôle n'enveloppe l'idée la plus haute de la
moralité. La moralité, envisagée dans la conduite extérieure
qui la manifeste, est un produit social, un résultat de la

---

(1) Cette comparaison est empruntée à Albert Schaeffle qui l'a
développée en détail dans son ouvrage en quatre volumes *Bau und
Leben des sozialen Körpers* (1875-78). Ce livre peut faire voir
combien il est dangereux de pousser jusqu'à l'extrême de semblables comparaisons et d'appliquer sans discernement aux sciences
morales les points de vue de l'histoire naturelle. Comp. à ce
propos l'essai de Schmoller sur Schaeffle dans son livre *Zur Litteraturgeschichte der Staats und Sozialwissenschaften*, 1888,
p. 211-232.

société dont elle fait partie intégrante et dont elle suit les progrès et les vicissitudes. Même dans l'individu isolé la moralité ne consiste pas uniquement dans le verdict intérieur de la conscience. Les bonnes intentions ne suffisent pas pour faire une bonne action. Il faut encore qu'il résulte de l'acte moral un bien positif. Et ainsi l'objet de la moralité est toujours une collaboration réelle à l'organisation de la nature suivant la raison, ou pour parler plus simplement une contribution au bien général auquel l'individu a le devoir de sacrifier sans hésitation et sans phrases ses intérêts et même sa personne. Nous sommes ici à l'antipode de cet égoïsme effréné qui était le principe de l'individualisme.

Ainsi la défaite de l'individualisme égoïste par le socialisme et par le principe moral, voilà l'idéal. Mais vaincre n'est pas détruire entièrement. — Je suis un *moi*; je reste nécessairement un *moi*. — Je ne veux pas montrer ici que le moi se retrouve partout, qu'il trouve son compte même dans les sentiments de pitié et de sympathie qu'il éprouve pour les autres; que les meilleurs seuls triomphent de l'égoïsme et que même chez eux, le sacrifice et le dévouement trouvent une récompense dans la conscience qu'ils ont de leur valeur propre et de l'intime harmonie qu'ils établissent entre leur conduite et les généreux sentiments de leur cœur. Un fait à noter et qui a une réelle portée pratique, c'est que si l'on veut que je contribue au bien-être des autres, il faut d'abord que je me trouve placé dans la société à la place qui me revient légitimement, il faut que je sois intérieurement satisfait de la place qui m'est dévolue. Je dois, pour agir au dehors et accomplir mon rôle entier, pouvoir me développer entièrement et déployer librement mon activité dans le domaine légitime de mes facultés. Tel est le droit absolu de mon individualité.

On peut se demander ici si cette revendication de l'égoïsme n'est pas prématurée dans une éthique sociale.

C'est surtout dans un système qui se représente la société comme un organisme que les prétentions de l'individu à l'indépendance peuvent être dangereuses. — Je ne veux pas encore examiner les difficultés pratiques qui s'élèvent sur ce point contre le socialisme. Je poserai seulement cette question : L'individualisme a-t-il donc donné satisfaction à ces revendications ? A-t-il procuré aux individus une vaste carrière où exercer leur activité ?

N'a-t-il pas négligé entièrement d'introduire dans le monde social la coordination et la différenciation qui lui sont nécessaires ? N'est-ce pas lui qui a formé ces agrégats d'atomes, ces masses anonymes qui excluent toute individualité et qui se présentent à nous comme un chaos informe ? — L'individualisme, en réduisant la société à une agglomération d'atomes, a fait le grand tort à l'individu. — Le socialisme se propose au contraire d'introduire dans la société une organisation et une différenciation de plus en plus fortes. L'individu y trouvera son compte. D'autre part, ce n'est pas le trop peu, mais le trop d'égoïsme qui mettra en péril le principe moral. Oui, la moralité est un devenir social qui évolue lentement. Dans chaque individu qui naît elle doit d'abord se faire une place et pour cela repousser l'égoïsme instinctif qui dès l'origine s'efforce de tout envahir. La victoire du principe moral dans un individu comme dans le monde est une œuvre toujours inachevée et incomplètement assurée, un idéal toujours en voie de réalisation. Car il a un adversaire éternel. C'est l'égoïsme toujours renaissant, semblable à ce géant qui puisait toujours de nouvelles forces au contact de la terre, sa mère. Mais l'égoïsme n'est pas comme lui sujet à la mort. Il subsistera tant que l'homme vivra et voudra persévérer dans l'être.

C'est précisément parce que l'égoïsme a une si forte position, c'est parce qu'il peut jouer si facilement le premier ou même le seul rôle et changer enfin la société en un champ de bataille des *moi*, qu'il importe de lui disputer au plus

tôt le terrain sur lequel il a pu se développer jusqu'ici
presque impunément et sur lequel même il a été justifié
et légitimé scientifiquement, le terrain économique. Il ne
doit pas suffire de le soumettre à une discipline morale
d'éducation et de correction, puis d'attendre qu'ainsi
amendé il cède de lui-même le pas à l'esprit social. Il faut
prendre l'offensive avec lui ; il faut transformer le monde
où il se développe de telle sorte qu'il ne trouve plus aucun
domaine, aucun royaume où il règne en maître. C'est là
ce que tentent de faire les socialistes.

Je sais bien que la majorité des socialistes démocrates,
quand ils appellent de leurs vœux cette transformation extérieure de la société, le font d'une façon irréfléchie et sans
autre intention que d'en finir d'emblée avec l'état actuel.
Leur socialisme est tout extérieur et superficiel. Ils veulent
changer le monde, afin d'avoir plus de bien-être et ils ne son-
gent pas qu'il faut changer aussi les hommes et les rendre
meilleurs. Cette aspiration au bien-être ne s'inspire pas
de la pensée de l'idéal. Par là s'explique le reproche si
souvent adressé au socialisme de ne faire appel qu'aux
mauvaises passions de l'homme, à sa sensualité, à ses con-
voitises, à ses instincts les plus bas et de ne pas savoir ce
qui peut véritablement rendre l'homme heureux et ce qui
est digne de lui. Seulement ceux qui lui adressent ce reproche ont rarement une conception supérieure de la dignité et du bonheur de l'homme.

Il n'est pas encore temps de traiter à fond cette question.
Provisoirement il suffit de dire que tous les socialistes ne
sont pas aussi superficiels. Ils ont pressenti, les meilleurs
d'entre eux le déclarent hautement, que cette transformation extérieure doit entraîner après elle et qu'elle entraînera effectivement un changement intérieur et une
amélioration morale de l'humanité. Que notre société individualiste, s'écrient-ils, change d'abord son organisation et sa
forme extérieure ! La transformation des sentiments et des
cœurs suivra nécessairement. Mais il me semble que les

écrivains et les agitateurs socialistes croient trop à l'influence des transformations extérieures quand ils affirment que non seulement la crise sociale cessera le jour où l'on en finira avec l'organisation individualiste, mais encore qu'au même jour et à la même heure l'esprit social qui nous fait défaut complètement aujourd'hui, établira définitivement son règne. C'est en effet chez les esprits les plus généreux que nous trouvons l'élan le plus passionné vers une révolution sociale dédaigneuse du lent chemin des réformes. — « Créez un monde nouveau, et une nouvelle humanité naîtra ! » Tel est le miracle que nous promettent les révolutionnaires et les utopistes socialistes. Mais nous ne croyons pas aux miracles et c'est pourquoi nous préférons la lente, mais plus sûre voie des réformes, persuadés qu'elle est le seul moyen de réformation morale, le seul chemin qui conduira l'esprit social à la victoire.

Mais avant de nous engager dans cette voie des réformes, nous devons tout d'abord étudier le pays d'utopie et ses détours.

CHAPITRE II

LES UTOPIES SOCIALISTES

Utopie, pays des rêves, tel est le nom de cette contrée. Et pourtant celui qui a lu avec intelligence la première et la plus ancienne de ces utopies, la République de Platon, sait combien des rêves du philosophe grec se sont réalisés depuis. Celui qui connaît l'utopie qui a donné leur nom à tous ces romans sociaux [1], celle de Thomas Morus, n'ignore pas que l'auteur anglais débute par une question très positive, celle de savoir si l'on est en droit de pendre les voleurs. Il la résoud négativement parce que, dit-il, il y a trop de causes qui rendent le vol si fréquent. — L'une d'elles était cette situation agraire de l'Angleterre dans laquelle le clairvoyant esprit de Morus reconnaissait déjà un grand danger : la petite propriété rurale remplacée par d'immenses latifundia appartenant à des seigneurs riches et dissipateurs qui les enlevaient à la culture et les transformaient en pâturages où vivaient des moutons, mais où ne pouvait plus vivre le paysan. Celui qui a étudié ces

---

(1) V. sur ce sujet le détails dans mon discours sur *Thomas Morus et l'Utopie*, 27 janvier 1880. (Strasbourg, Heitz et Mundel.) Sur les romans sociaux et politiques en général, V. R. von Mohl, *die Geschichte und Litteratur der Staatswissenschaften*, t. I, p. 165-214. Sur les intuitions prophétiques de la République de Platon, V. Zeller, *die Philosophie der Griechen*, 2° éd., p. 251 et suiv. — V. aussi sa dissertation : *der Platonische Staat in seiner Bedeutung fur die Folgezeit*.

utopies ne voit pas en elles un pur néant, une pure chimère, mais un idéal qui n'est pas encore réalisé et·qui peut-être le sera. Il les prend à titre de faits et ne se prononce pas de prime abord sur leur valeur possible.

Il s'agit pour nous de reconnaître le chemin qui conduit à cette terre promise.

Le socialisme croit pouvoir disposer de deux moyens pour amener la transformation extérieure de la société qu'il voudrait réaliser le plus tôt possible. Il peut recourir soit à une révolution violente, soit à des réformes pacifiques et légales votées par la majorité des citoyens. Il n'entre pas dans mon plan de discuter le premier moyen. Je trouve qu'il est dangereux de reprocher sans cesse aux socialistes démocrates de ne pouvoir réaliser leur programme que par l'emploi de la force et par l'effusion du sang et de représenter constamment comme le font les conservateurs, les démons de la révolution sociale au milieu de la fumée des combats de barricades. On habitue ainsi les esprits à ces idées, et l'on émousse le sentiment d'appréhension qu'elles inspirent et qui est heureusement encore assez répandu dans le peuple allemand. Nous aimons mieux prendre au mot les socialistes démocrates et rappeler à leurs chefs l'assurance qu'ils nous ont tant de fois donnée que la révolution se fera par des voies pacifiques et sans effusion de sang.

Toutefois, remarquons que nous n'avons pas écarté entièrement l'hypothèse de l'emploi de la force. Pour qu'une réorganisation sociale devienne possible, il faut que le parti socialiste se rende maître de l'État qui seul aurait autorité pour faire les réformes; il faut surtout et d'abord qu'il se rende maître du pouvoir législatif.

Or, partout où le vote des lois est dévolu à un parlement, surtout à un parlement dont les membres ne reçoivent point d'indemnité parlementaire, l'État se trouve entièrement soumis à l'influence du capitalisme et de la grande industrie, et le mécanisme gouvernemental est absolument

subordonné aux intérêts du capital. Pour que l'Etat entrât
dans la voie du socialisme, il faudrait donc qu'il changeât
complètement la direction qu'il a suivie jusqu'ici et qu'il
changeât du même coup l'orientation de toute la société
dont il gouverne les destinées. Le suffrage universel peut
accomplir cette évolution et à vrai dire elle n'est peut-être
pas si éloignée qu'on le pense.

Au Reichstag le nombre des députés socialistes n'était
d'abord que de 35 sur 397. Mais le nombre des voix données au parti socialiste s'est constamment accru. En 1887
il y en avait 763,128, en 1890, il y en avait 1,427,298 et l'on
peut affirmer que le nombre des travailleurs, — je prends
ce mot au sens où le prennent les socialistes, — est plus
grand que celui de toutes les autres classes réunies. Si
donc on arrive à les unir sous le même drapeau et à les
conduire tous ensemble au vote; si l'on rallie également
les ouvriers des campagnes jusqu'ici réfractaires au mouvement socialiste (et cela n'est nullement impossible), l'a-
vènement du parti socialiste au Reichstag n'est plus qu'une
question de temps. — Il faut compter, il est vrai, surtout
dans un état monarchique, avec le gouvernement. Mais si
nous faisons abstraction d'hommes exceptionnels comme
Bismarck, un gouvernement ne peut s'opposer longtemps
à la volonté de la majorité. S'il le fait et s'il se résoud finalement à un coup d'État, la responsabilité en retombe sur
lui. Son droit qui, dans cette hypothèse, n'est que le droit
de la force ne vaut ni plus ni moins que le droit du peuple
à l'insurrection, et l'issue de cette lutte qui apparait
aujourd'hui comme presque inévitable (je fais abstraction
ici de tout pays et de toute date) est pour le moins dou-
teuse.

Il est une autre hypothèse possible. C'est que le gouvernement, le souverain, convaincu de la légitimité des
réformes socialistes, se mette lui-même à la tête du mouvement. Et alors tout se fera sans difficultés. — Peut-être !
— Car rien ne dit que des résistances qu'on ne soupçonne

pas ne se feront pas jour dans le parti attaché à l'ancien état de choses. En ce cas, les rôles seraient renversés ; mais la force seule trancherait, ici encore, le conflit.

On ne voit pas bien quels sont les moyens par lesquels le socialisme doit triompher. Mais il est plus difficile encore de prévoir ce que nous donnera son triomphe. Quelles seront les mesures qu'aura à voter le parlement socialiste et que devra réaliser le nouveau gouvernement ? — Nous connaissons le but final et l'idée maîtresse du socialisme. — C'est la transformation de la propriété privée en propriété de l'Etat ou plus exactement en propriété sociale. — C'est là tout le programme du socialisme. — Mais toute brève qu'elle est, cette formule est substantielle et grosse de conséquences. — Le programme socialiste contient deux parties : l'une négative, l'abolition de la propriété privée ; l'autre positive, l'organisation de la propriété nationale ou socialisée, embrassant toutes les richesses qui ne seront pas consommées et qui pourront servir d'instrument pour une production nouvelle.

Ici nous posons la question de Faust : « Par où commencer ? » — « Commençons par exproprier », répond le Méphistophélès socialiste qui veut nous tirer de l'odieux bagne de la société individualiste. — D'après les doctrines socialistes, le capitalisme lui-même simplifie cette mesure par la marche naturelle de son développement. Voyez la dépossession progressive de la petite propriété par la grande, l'absorption de la petite propriété rurale par les grands domaines, la transformation journalière et de plus en plus fréquente des imprimeries, brasseries, filatures, etc., en grandes sociétés en commandite, l'extension considérable des syndicats (cartels) industriels : tout cela montre que le progrès du capitalisme amène fatalement une extension croissante de la grande industrie et par conséquent une absorption progressive des petites entreprises par les grandes. — Peu à peu tout le capital se concentrera dans les mains de quelques grands industriels. Les petits seront expropriés par les grands. — Mais alors — il est facile de reconnaître ici la grande théorie de Hegel — alors les grands capitalistes subiront à leur tour la loi nécessaire et l'Etat socialiste fera à leur égard ce qu'ils auront fait à l'égard des autres, il expropriera les expropriateurs.

Telle est la loi du processus économique. Malgré les objections que peuvent faire valoir contre elle certains économistes [1], elle nous fournit un argument évident en faveur des mesures réclamées par le socialisme. — Si l'Etat jouit aujourd'hui du droit d'exproprier dans l'intérêt général, pourquoi n'aurait-il pas ce droit quand il s'agira de cette mesure universelle qui s'appliquera à toute propriété? — On dira peut-être que dans cette universalisation du droit d'expropriation, il y a une grave atteinte au droit sacré de la propriété individuelle. — Nous pouvons répondre d'abord que cette expropriation pourrait, comme celles qui ont lieu aujourd'hui, se faire moyennant une indemnité à payer à l'exproprié. La société socialiste n'aura plus besoin d'argent, et par conséquent ceux dont on confisquera les terres, les fabriques et les machines pourront recevoir en échange autant d'argent qu'ils en voudront. Il est vrai qu'ils se trouveront alors dans la même situation que le roi Midas avec tout son or. Dans un pays où l'on ne pourrait plus rien se procurer avec de l'argent, ils pourraient être réduits à mourir de faim avec leurs millions. — Mais il y aurait, au moins pendant quelque temps, à côté des états socialisés, d'autres états encore organisés d'après l'ancien système individualiste. Les capitalistes expropriés auraient donc la faculté d'émigrer avec leur fortune, à moins qu'ils ne préférassent rester dans leur pays et s'adapter aux conditions de la nouvelle organisation sociale. — On pourrait encore les entretenir, eux et leur famille, au moyen d'une rente viagère servie par l'Etat. Ils se trouveraient ainsi

---

(1) Ce que dit E. Richter à ce sujet : *Irrlehren der Sozialdemocratie*, p. 10-14 et 22-24.

dans une sorte de situation privilégiée analogue à celle des nobles qui, dans notre organisation actuelle, sont exemptés par l'Etat de certaines charges. On peut se demander, il est vrai, si les capitalistes se laisseraient exproprier sans résistance ; mais à supposer qu'ils résistent, on leur dirait, je le crains bien : « Puisque vous ne cédez pas de bonne volonté, nous avons recours à la force. » — Et alors, il ne serait plus question, pour eux, d'indemnité d'aucune sorte,

Laissons cette période de transition et les difficultés graves qu'elle soulève. Il s'agit plutôt de savoir si le caractère sacré et intangible de la propriété individuelle ne proteste pas contre une pareille mesure.

Assurément, dans les limites de notre organisation sociale actuelle, la propriété individuelle est fondée en droit et mérite d'être respectée ; mais aussi elle n'a ce caractère que dans les limites de cette organisation ; elle existe avec elle et par elle ; elle pourrait disparaître avec elle. — Il y eut un temps où le sol était propriété collective ; ce temps peut revenir. Le droit de propriété n'a rien d'absolu. Aujourd'hui nous sommes partisans de l'état de choses sous lequel nous vivons, et nous dirions volontiers avec le poète Rückert : « C'est ainsi que les choses se sont toujours passées en ces lieux et elles continueront éternellement d'être ainsi. » — Oui, mais le poète ne dit-il pas aussi : « Après cinq cents ans tout changera ; l'humanité reviendra sur ses pas et recommencera le cercle qu'elle a déjà parcouru ! »

Il suffit d'un coup d'œil superficiel sur la question pour se rendre compte de la relativité du droit de propriété. Le droit de tester, surtout sous la forme de la libre disposition testamentaire est une extension du droit de propriété. Dans cet acte, l'individu affirme au delà de son existence individuelle le droit de disposer de ses biens. Il peut les transmettre à qui il veut moyennant certaines conditions et ainsi, même en dehors de tout lien de parenté, donner lieu à telles ou telles dispositions légales qui auront des conséquences dans un avenir éloigné et qui, justes et peut-être raisonnables à l'origine, pourront engendrer plus tard des abus et des injustices. Il est tout naturel, par suite, qu'on ait eu l'idée de restreindre ce droit le libre disposition testamentaire et même de limiter le droit d'hériter fondé sur les liens du sang. Ces questions sont présentement à l'ordre du jour, même dans notre organisation sociale actuelle, sous la forme du projet d'un impôt progressif à établir sur les héritages. — Un tel impôt, s'il dépasse certaines limites, équivaut à une restriction partielle du droit de propriété à la mort du propriétaire. — Un pas de plus et l'Etat (ce sera au fond la même mesure) fixera un maximum pour les fortunes à transmettre et revendiquera pour lui le surplus. — Que d'autres décident si cette mesure est actuellement applicable et si elle peut se concilier avec l'idée que nous nous faisons aujourd'hui du droit. Il est hors de doute, dans tous les cas, qu'elle puisse devenir un droit, un droit formel et absolu.

On pourrait ainsi réduire graduellement la propriété et empêcher la formation de ces fortunes excessives qui se perpétuent dans une même famille. Un second problème, également à l'ordre du jour, se présente après celui-là. C'est celui de savoir si l'on doit maintenir ou abolir la propriété foncière et s'il ne faut pas la transformer en propriété nationale [1]. La propriété foncière individuelle est

---

(1) Le principal représentant de cette réforme agraire est l'Américain Henri George dans son livre *Progrès et Pauvreté*. Ce livre est une recherche des causes des crises industrielles et de l'accroissement de la pauvreté qui va de pair avec l'augmentation de la richesse. En Allemagne, ses idées ont été surtout défendues par Mich. Flürscheim dans son livre *Aùf friedlichem Wege*. Ce livre est un essai de solution de la question sociale. En Autriche, les doctrines de H. George sont représentées par Th. Hertzka, *die Gesetze der sozialen Entwicklung*, 1886. — Sur George et Hertzka, voyez aussi G. Schmoller *Zur Litteraturgeschichte der Staats und Sozialwissenchaften*, p. 247 et sui:.

fréquemment sortie de la propriété collective. Elle n'a été
établie et maintenue que dans l'intérêt d'une exploitation
plus avantageuse et d'une amélioration progressive du sol.
Ne pourrait-on pas, à notre époque de machinisme agri-
cole, revenir à la propriété communale et obtenir ainsi
une production beaucoup plus considérable! Les propriétaires actuels deviendraient des fermiers de l'Etat après
un remaniement dans la distribution des terres, ou bien
encore le territoire tout entier serait cultivé d'une façon
indivise par les ouvriers et les employés de l'Etat.

Enfin, ne pourrait-on pas transformer en propriété communale tous les immeubles bâtis ou à bâtir? On mettrait
fin ainsi aux spéculations des entrepreneurs et l'on amène-
rait sur le terrain du socialisme, le seul où elle puisse recevoir sa véritable solution, la grave question des logements sains et à bon marché pour les pauvres. Assurément
des difficultés se présenteraient quand il s'agirait d'entrer
en possession de ces immeubles et de fixer l'indemnité à
payer aux propriétaires. Ce serait une tâche énorme que
celle qui incomberait à l'Etat d'évaluer équitablement et
raisonnablement la valeur des immeubles [1]. Le système de
logement qui fonctionne à Londres pourrait du moins
montrer ce qu'il ne faut pas faire.

On reprochera peut-être à ces considérations sur la relativité du droit de propriété d'avoir un caractère trop utili-
taire et de s'attacher trop exclusivement à ce qu'un juriste
contemporain [2] appelle « *le côté pratique et social du
Droit* ». Elles renferment toutefois une idée morale d'une
haute et vaste portée. C'est que la propriété ne confère pas
seulement des droits, mais impose aussi des devoirs à
l'égard de la communauté et de la société en général. Et

---

(1) Sur le système des logements ouvriers à Londres, voyez
l'étude de H. Albrecht, *Wohnungen fur die Armen* (Deutsche
Rundschau, Novemberheft, 1890, p. 270).

(2) Rudolf von Jhering. Son livre intitulé: *Zweck im Recht*.

quand le propriétaire méconnaît ces devoirs, il en est responsable devant le tribunal de la morale. — L'origine de
la propriété individuelle a été souvent la violence ou
la ruse ; mais aujourd'hui, cette propriété est non seulement légitimée par l'Etat, mais elle se trouve justifiée aux
yeux des générations actuelles par ce fait qu'elles peuvent
voir en elles soit la matière sur laquelle s'est exercé le
travail humain, soit un produit de ce travail. L'activité
humaine s'est incorporée à elle et l'a marquée de son em-
preinte. La propriété est ainsi devenue un prolongement
de la personne elle-même, et elle a eu une action féconde
sur le développement de la civilisation. C'est pourquoi
aussi la propriété n'est légitime et ne doit être maintenue
qu'autant qu'elle persévère dans sa mission morale et sociale, qu'autant qu'elle reste fidèle à sa fonction qui est de
favoriser la civilisation et non de l'entraver. Ce qui confère une valeur durable à une institution juridique, c'est
sa portée et son influence morales. On s'égare ici quand
on s'attache aux considérations utilitaires ou juridiques.
Au fond, le côté moral importe seul. Il est le noyau ; le
reste n'en est que l'enveloppe.

Ce que nous venons de dire montre assez combien est
absurde et insoutenable la prétention d'ériger la propriété
individuelle en droit ; — en droit naturel, immuable et
éternel. Nous devons discuter maintenant l'autre question ;
celle de savoir s'il serait avantageux pour l'humanité, pour
le progrès de la civilisation et de la moralité de réduire
considérablement la propriété individuelle ou même de
l'abolir complètement.

Assurément avec la propriété disparaîtrait un élément
important du bonheur de l'homme et surtout un des plus
puissants ressorts de l'activité humaine. — Cette vérité est
évidente et elle est trop oubliée par les adversaires de l'organisation actuelle qui n'en voient que les inconvénients.
Comme le problème que nous examinons maintenant se
ramène à celui de savoir par quoi on pourrait remplacer la

propriété, il faut, pour le discuter, examiner à présent le
côté positif du programme socialiste : Quel sera l'état social
nouveau qui résultera de la transformation de la propriété
individuelle en propriété socialisée ?

C'est aux utopies et aux systèmes socialistes qu'il faut
nous adresser pour trouver un tableau précis et détaillé
de la future organisation. Dernièrement, il est vrai, au
congrès de Halle, Liebknecht a déclaré puérile la prétention de proposer un semblable idéal. « Il faut être fou, dit-
il, pour demander ce que sera l'organisation sociale dans le
futur état socialiste. » — On peut voir dans cette déclaration un signe de l'attitude plus pratique que la démocratie socialiste a prise vis-à-vis des problèmes sociaux. Elle
reconnaît qu'elle ne peut tout faire du jour au lendemain
et elle ne rejette plus en principe la méthode des réformes
progressives. — Mais tant que le parti socialiste se décla-
rera partisan d'une transformation radicale, on sera toujours en droit de lui poser cette question : « Dites-nous
comment vous vous représentez la future organisation et
ce que vous attendez de cette transformation radicale. » —
Les amis et les ennemis du socialisme sont toujours
tentés d'esquisser des plans d'organisation sociale et de se
lancer à perte de vue dans les hypothèses. — La plupart
du temps ce sont les adversaires du socialisme qui s'amu-
sent ainsi à faire des descriptions de la future société. —
Citons par exemple la récente et spirituelle critique d'Eugène Richter dans la *Freisinnige Zeitung* [1]. Schæffle, dans

(1) Eugène Richter. *Die Irrlehren der Sozialdemocratie ;*
ouvrage imprimé à part et paru en brochure (Berlin, 1890). Les
autres ouvrages cités dans le texte ont été déjà suffisamment indi-
qués. L'opinion actuelle de Schæffle se trouve dans son étude :
Die Bekämpfung der Sozialdemocratie ohne Ausnahmegesetz
(1890).
Rappelons également la brochure d'Eugène Richter : *Où mène
la Socialisme. Journal d'un Ouvrier*. Traduite en français et
publiée chez Le Soudier avec préface de M. Paul Leroy-Beaulieu.
(*Note du Trad.*)

la période de sa carrière politique où il s'est montré favorable au socialisme et où même il a adhéré complètement à ses doctrines s'est efforcé, d'abord dans la *Quintessence du socialisme* (1875), puis dans le troisième volume de son grand ouvrage, *Organisation et vie du corps social*, — de débarrasser les théories socialistes de ce qu'elles ont d'exagéré, de superficiel et de faux et de montrer dans quelle mesure l'organisation socialiste pourrait être appliquée. — Du côté des socialistes, Bebel, moins réservé que son ami Liebknecht, nous donne dans son livre : *La femme et le socialisme* (9° et 10° édition, 1891), un aperçu de la société socialiste de l'avenir, tout en déclarant que « personne ne peut prévoir comment l'humanité future organisera la gestion de ses intérêts matériels de façon à donner à ses besoins la satisfaction la plus complète ». — On ne peut donc, suivant lui, tracer de plan, ni prédire de mesures définitives, tout au plus peut-on déterminer approximativement comment, après l'expropriation de tous les instruments de travail, « les choses se passeront vraisemblablement dans les différents domaines de l'activité humaine ». — Citons aussi Hertzka et sa description d'une colonie socialiste qu'il veut fonder en Afrique sous le nom de *Freiland*. — Citons enfin Edouard Bellamy et son fameux roman : *Cent ans après ou l'an* 2000 [1]. — Bellamy, auquel Bebel reproche sa demi-attitude, et qu'il traite de « bourgeois bien intentionné ». — Ce livre d'Edouard Bellamy est, suivant nous, le plus intéressant de tous ces essais ; car la vie morale de la nouvelle société y est envisagée d'une façon toute spéciale. On peut regretter, il est vrai, dans cet ouvrage sinon la forme moitié frivole et moitié poétique qu'adopte l'auteur et qui sied parfaitement à un tel roman social, du moins le caractère fantaisiste et invraisemblable qu'il donne à l'ensemble

---

(1) *Cent ans après* (Looking backward), traduit en français et édité chez Dentu (1890). (*N. d. T.*)

ainsi que cette languissante histoire d'amour qui nuit au sérieux de l'œuvre sans augmenter l'intérêt des personnages.

Nous le voyons, nous ne manquons pas d'éléments pour essayer de nous faire une idée de la société future [1]. Nous allons maintenant tâcher de dégager sans fanfares enthousiastes, mais nettement et simplement les résultats qu'entraînera pour la vie morale de l'humanité l'organisation socialiste. Nous laisserons à l'économie politique le soin d'apprécier ces utopies au point de vue de leur valeur pratique et des chances qu'elles ont de pouvoir être réalisées. Nous n'oublierons pas d'autre part que nous sommes ici dans le domaine de la fantaisie et de l'hypothèse et que par suite la plus légère différence de point de vue suffit pour nous faire apparaître ces tableaux sous un jour séduisant ou au contraire sous la forme d'une caricature ridicule. Le partisan de ces utopies ne verra en elles que promesses et espérances; tout lui semblera possible et réalisable. Leur adversaire verra partout des montagnes de difficultés et de conséquences néfastes. Nous ne pouvons décider de quel côté est la vérité, vu que l'expérience ne nous fournit ici aucun élément. Les essais en petit comme il y en a eu beaucoup sous diverses formes et comme il y en aura toujours ne prouvent que peu de choses ou même ne prouvent rien dans un sens ou dans l'autre. Car, qu'ils réussissent ou qu'ils échouent, celui contre lequel on les invoque peut toujours répondre : Soit ; mais appliquez l'idée en général et en grand; les choses se passeront tout autrement. Dans les essais en petit tout dépend de la personne

(1) Une vive discussion a eu lieu au Reichstag (février 1893), notamment entre Bebel et Richter, sur la nature du futur État socialiste. Cette discussion n'a donné aucun résultat bien décisif. Les deux partis se sont attribué la victoire, et si les socialistes ont eu le dessous, ils n'en regardent pas moins comme un triomphe que leur État de l'avenir ait été pendant des jours entiers l'objet d'un débat public au Reichstag. (*N. d. T.*)

qui est placée à la tête de l'entreprise. C'est en grand qu'il faut voir fonctionner une organisation ; car alors elle agit par sa propre vertu et n'est pas redevable de son succès à l'initiative d'organisateurs plus ou moins habiles. Nous dirons donc de ces utopies ce que Marguerite disait de la religion de Faust.

« Si on l'entend ainsi, cela peut passer. Mais il y a toujours dans tout cela quelque chose de louche. »

Voyons maintenant comment nous pouvons nous représenter, d'après les données de nos socialistes, la future société.

Pourquoi l'individu produit-il dans l'organisation individualiste? — Pour se conserver et s'enrichir, lui et sa famille. — Il ne se préoccupe nullement des autres ni de la situation qui leur est faite par suite de l'universelle concurrence. Mais d'autre part, comme le producteur ne prospère que quand son offre répond à la demande du consommateur, quand il trouve le débit de ses produits et quand il satisfait ainsi les besoins du plus grand nombre, on peut dire d'une façon générale que les intérêts du consommateur et ceux du producteur vont, jusqu'à un certain point, la main dans la main. C'est là l'observation exacte qui se trouve au fond de la théorie du laisser-aller, laisser-faire de l'école de Manchester. Elle a été généralisée par elle et élevée à la hauteur d'un principe établissant le régime de la libre concurrence. La règle unique est que chacun s'occupe de soi; et cette règle assure en même temps et par là même la plus grande prospérité et la plus parfaite organisation de la communauté. — Mais ce raisonnement repose sur une abstraction et sur une généralisation excessive d'observations exactes.

Cet optimisme est contredit par les crises économiques qui reviennent presque avec la régularité du flux et du reflux. Ces crises, si nous faisons abstraction des spéculations de bourse qui les accompagnent et qui réagissent sur elle, sont une suite de la surproduction, de la dispro-

portion entre la production et la consommation, de l'impunité dont jouit la mauvaise production; en un mot, elles
résultent de l'entière absence de plan et d'organisation
économique, de l'absolue anarchie de la production
actuelle.

Nous ne pensons guère qu'aux grandes victimes de ces
crises, qui sont précipitées d'une situation fortunée dans
une existence précaire et misérable. Elles ne sont pas, la
plupart du temps, exemptes de reproche et leur chute
excite, selon les cas, une joie maligne ou une stupéfaction
douloureuse. Mais nous oublions trop aisément les milliers
de petits et de pauvres entièrement innocents de ces
désastres et qui se trouvent jetés du jour au lendemain sur
le pavé. Ces ouvriers renvoyés et ensuite longtemps inoccupés constituent avec leurs familles la grande armée de
réserve du capital. Car quand la crise est passée et que les
affaires commencent à reprendre, ce sont eux qui fournissent les éléments nécessaires pour compléter les ateliers
réduits ou pour peupler les ateliers nouvellement créés.
Alors agit la loi d'airain dans la mesure où elle peut être
regardée comme exacte et réelle : les bandes d'ouvriers
inoccupés, toujours prêtes à être enrégimentées, empê-
chent les salaires de s'élever au-dessus d'un certain minimum et si elles ne les font pas descendre jusqu'à cette
limite extrême qu'on a appelée le salaire-famine, elles le
contraignent toujours à osciller dans le voisinage de cette
limite. Le travail est une marchandise comme les autres
et cette armée de réserve veille à ce que cette marchandise
reste toujours disponible sur le marché et ne devienne pas
trop chère.

Cette situation doit, dans l'état socialiste, se modifier
entièrement. La production sera réglée d'une façon uniforme; la surproduction sera évitée. Ainsi disparaîtra l'abus
du travail employé à la production de richesses qui ne
répondent pas aux besoins de la consommation. De là une
économie de forces. De plus, comme tout le monde aura

du travail, personne ne sera dispensé de faire son service
dans la grande armée industrielle, personne ne sera
exempté du devoir commun. Toute l'armée des fainéants,
rentiers ou vagabonds, parasites qui vivent parmi nous du
travail des autres hommes, toute la foule des intermédiaires
improductifs disparaîtra ou sera versée dans les rangs des
travailleurs productifs, de telle sorte que la somme du
travail effectif sera notablement supérieure à ce qu'elle a
été jusqu'ici et que le résultat général sera une réduction
des heures de travail pour l'ouvrier. — Et d'autre part, la
plus-value du revenu du travail qui à présent, sous une
forme ou sous une autre, revient toujours aux capitalistes
comme prime de l'entreprise, reviendra à la communauté
et ne sera plus le bénéfice de quelques privilégiés. Toute
valeur issue du travail reviendra intégralement à la collectivité ou plutôt elle reviendra, déduction faite des sommes
nécessaires pour les dépenses de la collectivité, aux individus. — Mais ici, les différents utopistes se séparent. —
Selon les uns, chacun recevra la même part, quel que soit
son genre de travail et cette égalité de salaire se fonde « sur
ce fait que chaque individu est également un homme [1] ».

(1) Dans Bellamy, à l'ouvrage duquel nous empruntons le
passage cité ici, la chose est claire. Tous ont droit au même
salaire. La doctrine de Bebel (*die Frau*) est sur ce point beaucoup plus flottante. D'une part, suivant lui, c'est la société
qui fixe la durée du travail quotidien (p. 283) et « comme, dit-il,
les conditions du travail seront les mêmes pour tous et que
chacun exercera le genre d'occupation vers lequel l'inclineront ses
préférences et ses aptitudes, les différences dans la quantité de
travail produit ne seront qu'absolument minimes » (p. 285), d'autant plus que le travail intellectuel, réservé aux heures de loisir,
ne sera pas officiellement payé. — D'autre part, il admet que « si
un individu trouve que ses besoins n'exigent pas un salaire aussi
élevé que celui qui lui est donné en échange de son travail,
il sera libre de travailler pendant une durée moindre et de fournir
la somme de travail strictement correspondante à ses besoins »
(p. 284). Ce qui rétablirait une différence non entre les hommes
intelligents et ceux qui ne le sont pas, mais entre les hommes

Ils supposent, bien entendu, que chacun accomplira sa tâche de son mieux. — L'autre doctrine est moins logique. Elle laissera subsister l'inégalité. L'un fera plus, l'autre moins et ainsi ils recevront plus ou moins, selon ce qu'ils auront fait. — Mais chacun recevra, dans tous les cas, assez pour vivre. Ainsi, une diminution considérable du travail et une augmentation non moins considérable des salaires, tel serait le résultat.

Le terme de « salaire » devient impropre. Ce qu'un homme gagne par son travail ne lui est plus payé en argent. — Car l'argent n'a plus cours dans la nouvelle société. Il n'y a plus de produits qui puissent être l'objet d'un achat ou d'une vente, mais exclusivement des objets de consommation courante et le seul étalon de la valeur des choses est l'heure de travail. Chacun va chercher dans les grands magasins et bazars nationaux ce dont il a besoin et le paye avec les bons des certificats de travail qui lui ont été remis. On trouvera des moyens pour empêcher ces bons de devenir un objet de transaction et une sorte de papier-monnaie. Entreprise difficile, à la vérité, tant qu'on ne pourra interdire aux citoyens de céder leurs bons non employés ou de travailler pour d'autres en leur permettant ainsi de se livrer au farniente[1]. En fait il reste possible dans l'organisation socialiste d'accumuler des valeurs et de s'exempter ainsi du devoir du travail. C'est ainsi, comme le dit Richter, que le « démon de notre organisation actuelle » se glisserait encore dans le nouveau monde socialiste.

laborieux et les paresseux (p. 285). — Il est aisé de voir que si par là, la liberté de l'individu soit dans le travail soit dans la consommation se trouve garantie, en revanche le bien-être de la société, l'existence et le progrès de la civilisation courent les plus grands dangers.

(1) Bebel (op. cit., p. 284). Ce que nous venons de dire dans la note précédente pourrait s'appliquer ici. La doctrine de Bebel est également ici hésitante et inconséquente. Il ne faut donc pas s'étonner, si, serré de près par Richter, il lui répond non par des raisons, mais par des injures.

Il n'en est pas moins vrai que la situation de l'ouvrier (et c'est là pour nous le point capital) est complètement modifiée : les ouvriers sont tous des fonctionnaires. La gestion de l'Etat, étendue à toutes les branches de la production, s'exerce au moyen de préposés officiels. Le salaire est remplacé par un traitement et ce traitement est payé non en argent, mais en produits de consommation que l'employé se fait délivrer en échange de son travail, suivant ses besoins et au gré de son choix.

Ainsi une objection souvent faite à cette utopie se trouve, tout d'abord, très atténuée. La liberté de la consommation est maintenue. Chacun peut faire de sa vie privée l'emploi qu'il veut. La propriété individuelle et même dans une certaine mesure le droit de transmission par héritage subsistent au moins pour les objets de consommation courante.

La question du libre choix d'une profession et d'un genre déterminé de travail est plus difficile à résoudre. Le problème qui se pose au sujet de la liberté qu'on doit laisser ici à l'individu est encore compliqué par ce fait que les socialistes, en cela assez conséquents avec leurs principes, n'entendent guère par travail que le travail manuel et sont trop disposés à regarder le travail intellectuel comme une simple récréation et un amusement. Bebel qui devrait pourtant mieux se rendre compte de la vérité a pu écrire cette phrase : « La société de l'avenir aura des savants et des artistes de tout genre qui pendant une partie de la journée accompliront leur tâche manuelle et pendant le reste du temps se livreront à leurs études ou à leur art préféré [1]. » Bebel d'ailleurs compte, pour résoudre toute difficulté, sur le besoin de changement si profondément enraciné dans la nature humaine et il croit « qu'une forte réglementation de la production combinée avec une sim-

---

(1) Bebel (*op. cit.*, p. 281). Le passage, cité immédiatement après dans le texte, s'y trouve également, p. 279.

plification progressive des procédés de travail facilitera de
plus en plus l'apprentissage des différents métiers et des
différentes industries et qu'ainsi la physionomie que présente notre société actuelle au point de vue des professions
sera absolument modifiée ». Bellamy a traité ce problème
avec plus de soin. Il propose un temps d'épreuve de trois
années avant d'adopter une carrière que chacun choisira
suivant ses aptitudes et ses goûts. La tâche de l'administration serait de maintenir autant que possible dans une proportion uniforme la capacité d'attraction des différentes
professions; et ce résultat serait obtenu par la fixation
d'une durée réglementaire de travail variant avec les différents métiers. On éviterait du même coup l'inconvénient
de la production aveugle et excessive. En même temps le
temps de service de trois années imposé aux apprentis permettrait de faire accomplir par ces jeunes gens bon nombre
de fonctions inférieures. Quant au besognes particulièrement fatigantes ou même périlleuses, Bellamy compte,
pour les exécuter, sur la bonne volonté des jeunes gens.

Restent toujours les difficultés relatives à la possibilité
d'un choix réellement libre d'une profession dans le futur
état socialiste, difficultés extérieures mais qui ne tarde-
raient pas à avoir aussi une influence morale profonde
sur l'humanité de l'avenir. Leur gravité diminue toutefois si l'on envisage celles qui existent déjà dans notre
société actuelle. Car quelle est la liberté dont jouissent
réellement dans le choix d'une profession nos ouvriers
d'usine, nos journaliers, nos domestiques ou nos coutu-
rières ? C'est avec quelque exagération, mais aussi avec
un fond de vérité, que Bebel a dit « que la plupart des
hommes ont aujourd'hui une profession qui ne répond pas
à leurs aptitudes parce que ce n'est pas leur libre volonté,
mais la nécessité qui les a engagés dans cette voie ». La
masse des prolétaires gagnerait donc à la nouvelle organisation plus de liberté que les privilégiés des classes supérieures n'en perdraient.

3.

Après la question de savoir jusqu'à quel point dans le monde socialiste l'individualité conserverait le droit de s'affirmer et de se développer se pose un autre problème plus difficile encore : si la nouvelle organisation supprime l'intérêt personnel, ne fait-elle pas par là même disparaître le seul ressort de l'activité et du travail ?

D'abord le socialisme ne veut pas abolir complètement l'égoïsme. Même et surtout dans cette société l'individu qui veut vivre doit travailler. La paresse y est un délit ; elle y est même le délit le plus grave. Un homme qui sera capable d'accomplir un service et qui s'y refusera obstinément sera condamné à l'isolement et mis au pain et à l'eau jusqu'à ce qu'il ne se montre plus récalcitrant. — C'est du moins ce que demande Bellamy. — Il n'en est pas moins vrai que si le stimulant de la propriété individuelle et du gain personnel vient à disparaître, nous pourrons vivre au jour le jour sans souci du lendemain. — Or, si le souci de s'enrichir a été jusqu'à présent parmi les hommes le grand levier du progrès matériel, du jour où il viendra à disparaître, le progrès ne s'arrêtera-t-il pas ? L'atonie et la paresse ne remplaceront-elles pas l'activité et une déplorable inertie n'envahira-t-elle pas la société ? — Non, répond le socialiste, car nous remplaçons le stimulant de la propriété individuelle par deux mobiles puissants : le sentiment de l'honneur et le sentiment du Devoir !

Tous les travailleurs seront des employés, des soldats. Or, nos employés et nos soldats ne sont pas, ou du moins ne doivent pas être poussés à remplir leur tâche par l'appât du gain et des avantages matériels, mais par le sentiment à la fois égoïste et idéal de l'honneur et par le sentiment social du devoir. — Eh bien ! il en sera de même dans la société de l'avenir ! Chacun aura la faculté d'obtenir de l'avancement dans la grande armée industrielle. Il y aura place dans la nouvelle organisation pour un vaste système de classement des fonctionnaires, pour une hié-

rarchio do grados, do placos et d'omplois ayant pour objet
la surveillance, l'administration et la direction du travail
— En outre des félicitations officiclles et des distinctions
honorifiques, médailles ou insignes analogues à ceux do
nos ordros actuols pourront donner satisfaction au désir
naturel des hommes pour les honneurs et entretenir l'émulation parmi les membros de la futuro société [1]. Il est vrai
que co mobilo ayant été déjà jusqu'ici mis en œuvro con
curremment avec le gain personnel, le moyen proposé
n'aurait d'autre effet que de nous réduire à marcher sur
une jambo au lieu de deux. — C'est pourquoi les socialistes comptent aussi sur le sentiment du devoir. « Nous ne
voulons pas croiro, dit Bellamy, quo si la nouvelle société
fait une grande place au sentiment de l'émulation et do
l'honneur, les plus nobles natures trouveront dans co
sentiment un stimulant digne d'ellos. — C'est en elles-
mêmes et non on dehors que ces natures trouvent leurs
mobiles de conduite [2]. »

Le sentiment du Dovoir ! — Nous no domandons pas
mieux ! Mais il s'agit de savoir si ce sentiment est si naturel
à l'homme et s'il est aussi répandu et aussi commun que les
ronces des haics ! — Pour former une société socialisto, il
faut une nouvelle éthique sociale. Il faut que les hommos
se pénètrent de cette vérité que le sentiment du devoir
n'est pas un don venu du ciel, un privilège aristocratiquo
des nobles natures, mais un fruit de la civilisation qui doit
être conquis à nouveau par chaque individu, qui émerge
lentement et progressivement du sein des vulgaires mobiles égoïstes, tels que la crainte du châtiment, la soif des
honneurs extérieurs et de l'approbation publique. Et avant
que ce sentiment ne s'élargisse jusqu'à embrasser toute
l'humanité, il faut qu'il s'établisse d'abord solidement dans

(1) Ces moyens qui peuvent paraître quelque peu puérils
jouent un grand rôle dans l'utopie de Bellamy. (N. d. T.)

(2) Voyez Bellamy, page 93 de l'édition française.

le cercle plus restreint de la vie de famille, dans nos rapports avec nos contemporains, dans la réalisation de notre
tâche et de nos devoirs de chaque jour. Il faut faire naître
et développer dans les cœurs le respect des parents et des
maîtres, le culte des lois et de la morale ; il faut faire
appel au sentiment de l'honneur pour qu'il prête main-
forte au devoir jusqu'à ce que ce dernier soit assez fort
pour rejeter tout secours étranger et pour régner seul en
maître sur les hommes.

C'est précisément ici que nous voyons apparaître le
cercle vicieux sur lequel repose ce socialisme utopique et
révolutionnaire.

« Changez le monde, nous dit-il, et du même coup
vous changerez aussi les hommes. » Mais le monde
ne peut changer si les hommes ne commencent d'abord par
se transformer sous l'influence de ces deux facteurs
idéaux : l'honneur et le devoir. Plus affreuse est la peinture que le socialisme nous fait de la société actuelle,
plus il rend sa tâche impossible. — Des temps nouveaux,
dit-il, vont sortir des temps anciens. — Soit ; mais s'il n'y
a pas dans ce passé lui-même des forces et des semences
qui préparent et annoncent l'avenir, c'en est fait d'avance
et fatalement de cet avenir qu'on nous prédit. De rien,
rien ne peut naître. C'est une loi du monde moral et social
aussi bien que du monde physique. Le drame de *Sudermann* : l'*Honneur* est une œuvre fortement pensée. L'auteur nous montre que partout, dans la société actuelle, en
bas comme en haut, le véritable honneur nous fait défaut.
Mais il a le tort de ne pas nous faire voir comment de ce
sol stérile du faux honneur sortira un jour l'arbre vigou-
reux du devoir. — Le devoir au lieu du gain ! — Le devoir au lieu de l'honneur ! — Nous ne demandons pas
mieux, — mais il ne faut pourtant pas aller chercher ce
devoir aux Indes, comme le fait l'auteur, et le faire inter-

---

(1) Allusion à l'*Honneur* de Sudermann. Un des principaux per-

venir sans rime ni raison, sans que l'on sache d'où il vient. Or c'est ce que font nos utopistes socialistes !

C'est du passé et du présent que doivent sortir le monde nouveau et la société nouvelle. Aussi renoncerons-nous à ces hypothèses utopiques sur un avenir lointain dont nous ne pouvons rien savoir. — Cultivons plutôt parmi nous l'esprit social et demandons-nous ce qu'on peut faire pour le développer aujourd'hui. — Cela est plus pratique et plus pressé que de nous livrer à de vaines suppositions sur ce qui existera en l'an 2000.

Nous voyons encore apparaître ici un double défaut de ces descriptions utopiques de l'avenir. Je veux dire leur inintelligence de l'histoire et leur inintelligence de la nature humaine. Par intelligence de l'histoire, je n'entends pas un respect aveugle et fanatique du passé. J'entends par là l'intelligence de l'évolution continue suivant laquelle l'histoire accomplit sa marche. — Une révolution ne triomphe que quand elle a été longuement et complètement préparée. Et même le jour où elle triomphe, le monde ne se transforme pas tout d'un coup. Le passé subsiste encore et continue à agir sur le présent. Les formes sociales extérieures peuvent changer ; mais il n'en est pas de même des idées et des mœurs. On peut créer de toutes pièces des lois et des arrangements extérieurs ; les hommes n'en restent pas moins les mêmes. Cette inintelligence de l'histoire résulte d'une méconnaissance radicale des lois de la nature humaine. — C'est ce qui est visible dans l'utopie de Bellamy. Il décrit le processus logique qui doit amener l'âge d'or de l'humanité ; après quoi il déclare qu'en l'an 2000, tout sera changé : « les conditions extérieures de la vie humaine se seront modifiées, et avec elles, aussi, les mobiles de l'activité humaine. »

sonnages de la pièce qui a perdu l'honneur se refait, aux Indes, une personnalité et une vie nouvelles, fondées sur le travail et le devoir. (*N. d. T.*)

Ainsi, il met en première ligne le processus logique du développement social; en seconde ligne, les transformations sociales extérieures, enfin et en troisième ligne, la transformation des mobiles humains. Or c'est là le contrepied de la réalité et de la vie. — Ce sont les mobiles de l'âme humaine qu'il faut changer d'abord. — Si vous suivez la marche inverse, si vous mettez à la racine de tout un processus logique et fatal, je crains bien qu'il ne se produise rien de nouveau et que le monde ne reste éternellement le même.

Et pourtant le monde doit se transformer. L'esprit social a pour lui l'avenir et le droit. — Mais il ne faut pas croire qu'il va nous apparaître un beau jour tout formé et tout constitué. La moralité est un lent devenir, une force qui progresse lentement. — Donc, allons pas à pas. — Transformons ce qui existe, bâtissons sur le sol ancien, travaillons patiemment à développer en nous et chez les autres l'esprit social, l'esprit de l'avenir. — Cette tâche n'est peut-être pas aussi séduisante que les rêves dorés de l'utopie ; mais aussi elle est plus pratique qu'un rêve.

CHAPITRE III

LA PACIFICATION SOCIALE

Dans l'intéressant ouvrage qu'il a fait paraître récemment : *La Pacification sociale*, Schulze-Gävernitz[1] a montré, en s'appuyant sur l'exemple que nous donne l'Angleterre, ce qu'il est possible de tenter pour éviter le danger d'un bouleversement social et pour amener l'organisation individualiste à se transformer progressivement en organisation socialiste. Les idées de Brentano[2] y sont développées avec un optimisme qui convient bien à la jeunesse et de plus elles sont prouvées en détail par des faits. Les données qu'il nous fournit sont très instructives et ont attiré fortement chez nous l'attention. Aussi pouvons-nous, sans nous attacher absolument à lui, le prendre pour guide dans notre recherche des voies et moyens qui doivent aboutir à la pacification sociale.

Nous l'avons vu, une organisation nouvelle qui romprait brusquement avec le passé trouverait devant elle une humanité qui ne serait nullement préparée et par suite elle se trouverait condamnée de prime abord. C'est là le point faible des utopies et des théories révolutionnaires mises en avant par la démocratie sociale.

Le problème à résoudre est celui-ci : Faire disparaître le péril social et organiser les masses populaires. A vrai dire,

(1) Dr Gerhard von Schulze-*Gävernitz. Zum sozialen Frieden*, 2 vol. Leipzig, 1890.

(2) M. Lujo Brentano a quitté depuis l'année dernière (1892) l'Université de Leipzig pour occuper la chaire de son ancien maître, Helferich à l'Université de Munich. — M. Schulze-Gävernitz est *privat docent* à l'Université de Leipzig. (*N. d. T.*)

je ne sais et personne ne peut savoir quand il sera résolu ; mais il ne pourra l'être certainement que le jour où les hommes auront acquis d'autres sentiments sociaux et auront été soumis à une discipline sociale nouvelle. La question qui se pose maintenant pour nous est donc la suivante : que peut-on, dans notre organisation actuelle, tenter en faveur de cette œuvre de moralisation et qu'a-t-on déjà fait en ce sens ?

Il n'y avait pas à songer à entreprendre cette transformation de notre société tant que d'une part dans les classes bourgeoises le système individualiste dominait l'opinion et laissait les coudées franches à l'égoïsme, tant que d'autre part dans l'esprit des ouvriers le dogme de la loi d'airain acceptée comme une vérité absolue rendait impossible tout espoir de changement et d'amélioration sociale. Si l'on admet que les travailleurs ne peuvent jamais ou du moins ne peuvent qu'exceptionnellement atteindre un salaire supérieur au salaire-famine, tout avenir meilleur est impossible. La misère sociale est une nécessité inéluctable et une révolution peut seule la faire disparaître. D'un autre côté si dans les classes dirigeantes cette misère sociale est regardée comme l'accompagnement nécessaire de notre civilisation, toute bonne volonté n'est-elle pas par là même découragée, tout effort pour trouver un remède n'est-il pas condamné d'avance ? Aussi a-t-il fallu que nous renoncions à notre confiance dans l'excellence de notre société actuelle. C'est le but qu'ont cherché à atteindre non seulement les agitateurs socialistes, mais les idéalistes de tous les partis qui ont eu le courage de remonter le courant de l'opinion publique. Et il a fallu que le verdict de condamnation devînt définitif et que les plaies morales de notre société fussent dévoilées sans ménagement. Il a fallu enfin que les ouvriers fussent amenés à la fois par le raisonnement et par l'expérience, par notre expérience nationale comme par l'expérience des nations étrangères à renoncer au dogme désolant de la loi d'airain. — Les patrons ont ainsi dû reconnaître que c'est pour eux un devoir d'apporter un remède à la situation et d'organiser les masses travailleuses ; les ouvriers ont vu que les remèdes et l'organisation ne sont pas chose impossible.

La conclusion de tout ceci, c'est la nécessité impérieuse et absolue d'un système social d'éducation destiné à transformer non seulement les patrons, ainsi que le veut Brentano, mais aussi les ouvriers et à les préparer à une vie nouvelle. S'il est nécessaire de combattre chez les premiers l'égoïsme et l'esprit de domination, il faut lutter chez les seconds contre des adversaires non moins redoutables, la méfiance, l'envie, la cupidité et la convoitise.

Voyons maintenant ce qu'ont fait les Anglais pour obvier aux difficultés sociales.

Là aussi, il y eut d'abord comme chez nous des associations de consommation qui organisèrent au mieux des intérêts des ouvriers la répartition et la consommation des richesses produites. En même temps elles se sont efforcées et s'efforcent encore aujourd'hui de développer parmi leurs membres l'esprit d'association. Cet esprit d'association et d'organisation, cette impulsion donnée à l'esprit de coopération, a eu des résultats plus importants et plus incontestables que l'abaissement du prix des objets de consommation — abaissement qui a suscité plus d'une fois et non sans raison la défiance, comme susceptible d'entraîner, par répercussion, un abaissement dans les salaires.

Ces associations de consommation ont été suivies d'associations de production qui ont essayé de régulariser la production, ont transformé l'ouvrier en entrepreneur et tendent même à remettre entre ses mains la direction de l'entreprise. Des tentatives de ce genre n'ont pas été faites seulement en Angleterre ; il y en a eu également en Amérique et en France [1]. En Allemagne, Lassalle a cru trouver

_____

(1) Outre Schulze-Gävernitz, il faut citer une étude du baron, Ludwig von Ompteda, *Die Pioniere von Rochdale und ihre Nach-*

le vrai remède dans ces associations de production et il a
réclamé pour leur première organisation un large appui de
l'État. Ce vœu figure encore aujourd'hui, uniquement
pour mémoire il est vrai, sur le programme socialiste [1]. —
Mais ces essais ont échoué pour la plupart. Presque partout,
après un temps plus ou moins long, les entreprises collectives ont été battues dans leur concurrence avec des entreprises qui avaient une direction plus une et mieux
comprise. — Un autre fait plus important et qui peut nous
expliquer pourquoi les démocrates socialistes ne veulent
plus entendre parler de ces associations, c'est celui-ci : A
peine les ouvriers deviennent-ils entrepreneurs qu'ils ont
une tendance à fermer aux autres ouvriers les portes de
leur association et à traiter ceux qui veulent y entrer de la
même façon que le font les patrons capitalistes. Assurément, l'importance de ces associations ne saurait être niée.
Grâce à elles, les ouvriers acquièrent la conscience des
risques que court l'entrepreneur et d'un autre côté la possibilité qui est laissée à chaque individu de devenir à son
tour entrepreneur constitue pour tous un espoir et un en-
couragement. Néanmoins et en général ces entreprises qui
sont des cas exceptionnels et qui ne réussissent que rare-

folger (les Pionniers de Rochdale et leur ssuccesseurs), Proùsische
Jahrbucher, t. XLIX, 1882, p. 453-487. En France, mention-
nons le Familistère de Maurice Godin, à Guise, sur lequel on trouve
un compte rendu de J. von Unger dans les Archives : La Femme,
1886. Sur les associations américaines de production, on trouve
quelques renseignements dans les Moralische Reden, de William
Mackintire Salter : Moralische Mittel zur Lösung der Arbeiterfrage, p. 86 et suiv., ainsi que dans l'ouvrage tout récent de
Richard T. Ely, The Labor Movement in America.

Frantz Hitze (Kapital und Arbeit und die Reorganisation der
Gesellschaft), 1880, déclare que les associations de production sont
pour lui l'idéal. Provisoirement, il se contenterait du rétablisse-
ment des corps de métiers obligatoires, des taxes, etc.

(1) Il a disparu du nouveau programme socialiste, au Congrès
d'Erfurth (91). (N. d. T.)

ment ne peuvent nous fournir le véritable remède de la situation.

Aussi un autre mouvement a-t-il pris naissance en Angleterre et s'y est-il développé avec beaucoup plus de force que le précédent. Je veux parler des Trades-Unions[1] (Gewerkvereine) par lesquelles les travailleurs d'une branche déterminée s'associent dans toute une partie du pays ou même dans le pays tout entier pour défendre leurs intérêts contre ceux des employeurs. Ces Trades-Unions ont été au début, soit en dedans, soit en dehors du Parlement, combattues de la manière la plus violente par les fabricants et les capitalistes. Excitées et provoquées par cette opposition, elles ont eu recours maintes fois à des moyens illégitimes. —On a été jusqu'à des scènes sanglantes, des menaces et des voies de faits; on a brisé des machines, incendié des usines; on a été jusqu'au meurtre. Il est impossible d'affirmer avec certitude, comme Schultze-Gävernitz croit pouvoir le faire, que cette période de lutte violente est maintenant passée pour l'Angleterre. Quoi qu'il en soit, ces associations montrent qu'il est possible aux travailleurs de s'organiser et de s'unir pour la défense de leurs intérêts. Cette possibilité se réalise chaque jour davantage et donne les plus heureux résultats.

Il faut reconnaître qu'ici le moyen d'arriver à la pacification sociale n'est autre que le chômage et la grève. Cela semble, au premier abord, une solution peu pacifique et peu favorable. C'est pourtant là en fond l'ultima ratio, comme l'est la guerre dans les rapports de peuple à peuple. De même que le but de la guerre entre nation est la pacification générale, de même c'est la guerre industrielle qui doit préparer l'avènement de la paix entre le capital et le travail; ou plutôt l'appréhension qu'inspire la lutte doit l'empêcher de se produire et doit contraindre les deux parties

---

(1) L'ouvrage classique sur ce sujet est celui de Lujo Brentano, *Zur Geschichte der englischen Gewerkvereine*, 1871.

adverses à maintenir la paix. Oui, les deux parties également — car dans une telle lutte toutes les deux prouvent également leur force. Le succès d'une grève doit être surtout instructif pour les patrons et les disposer aux concessions ; l'échec d'une grève doit être au contraire instructif pour les ouvriers en leur faisant voir les bornes de leur puissance qu'on a trop exagérée dans ces derniers temps, et en les engageant à se montrer prudents et modérés dans leurs revendications. Le résultat est dans tous les cas d'arriver à remplacer la guerre ouverte par un débat pacifique qui se fait par les organes légaux et reconnus des deux parties, dont la tâche consiste à écarter les difficultés et à conclure les accord par les voies pacifiques et au besoin par le moyen d'arbitrages. Il faut se présenter ici des difficultés de deux sortes. Il peut se produire d'abord des conflits accidentels dans lesquels les circonstances particulières et les questions de personnes jouent le plus grand rôle. Ces conflits peuvent être aplanis avec un peu de bonne volonté et nous voyons qu'ils le sont la plupart du temps, entre les ouvriers et les patrons anglais, beaucoup plus aisément que les querelles de notre jeunesse dorée qui en pareil cas s'en rapporte à l'absurde jugement de Dieu et au duel et n'arrive ainsi qu'à prouver son manque de bonne volonté et de courtoisie. Les difficultés de second genre sont naturellement plus graves. Telles sont les questions générales relatives à la fixation de la durée du travail et des salaires.

C'est dans le règlement des questions de cette seconde espèce qu'apparaît surtout l'importance de l'institution des Trades-Unions. C'est là surtout qu'elles jouent un rôle éducateur. — Si le travailleur doit désirer dans son propre intérêt la prospérité de la fabrique où il est employé et de la branche d'industrie à laquelle il appartient, il doit, dans la question de la fixation du salaire et des heures de travail, savoir accommoder ses prétentions à la situation particulière du patron qui l'emploie et surtout à la situation générale de l'industrie dont il s'agit. Pour cela il doit, lui ou ses représentants, et d'une manière plus générale la masse des cointéressés qui ont dans ces questions un droit d'appréciation et de contrôle, posséder une certaine culture, technique d'abord, ensuite pour être à même de comprendre les conditions générales de la vie industrielle, une culture plus vaste. Ainsi l'association élève le niveau intellectuel de ses membres; elle élève aussi celui de leur moralité et les habitue à une discipline énergique. Le sentiment de la solidarité qui unit tous les membres de l'association, la devise même de ses associations : « Chacun pour tous, tous pour chacun », contribuent dans une large mesure à réfréner l'égoïsme et à éveiller chez les associés avec la conscience de leurs droits, la pensée de leurs devoirs et de l'honneur de leur condition. Le souci que chacun prend des intérêts et de la prospérité de ses co-associés possède une grande vertu éducatrice qui rappelle la discipline si bienfaisante des anciens corps de métiers. Mais ce qu'il y a de plus important, c'est que ces associations mettent en lumière la communauté fondamentale d'intérêts qui existe entre l'ouvrier et le patron. L'ouvrier qui fait partie d'une vaste association se rend compte bientôt de cette communauté d'intérêt. Par là la lutte des classes est atténuée et perd de son âpreté. — Disons un mot enfin des conflits de devoirs qui peuvent se produire en certains cas dans la conscience des associés. Ce point n'a été malheureusement traité par aucun poète dramatique et c'est à peine si Zola l'a effleuré dans son puissant roman sur le monde du travail : *Germinal*. Dois-je lutter jusqu'au bout avec mes co-associés ou l'intérêt de ma femme et de mes enfants m'ordonne-t-il de me séparer d'eux et de déserter leur cause ? — La faim ou la désertion ! — C'est ainsi que se pose l'alternative la plupart du temps. Mais ces conflits même, envisagés au point de vue moral ne sont pas sans avantages. Ils attestent un progrès dans la moralité, ils sont une école de réflexion person-

nelle et de discipline morale. Ils exercent et fortifient la
conscience, ils augmentent et affermissent le sentiment
du devoir social.

Longtemps on a fait une grave objection contre le mou-
ment des Trades-Unions. — Ces associations, a-t-on dit,
n'attirent à elles que l'élite et l'aristocratie des travailleurs. Si elles secourent matériellement et moralement les
ouvriers instruits, par contre elles ne font que du tort aux
ouvriers sans instruction que, dans l'intérêt de l'honneur de la corporation et du maintien des salaires élevés,
elle tient systématiquement à l'écart et qui ne sont pas
d'ailleurs capables de s'associer et de s'organiser de la
même façon. D'abord on peut répondre que toute organisation procède par couches et que par conséquent si une
partie du monde du travail se sépare de la *masse*, si cette
dernière se scinde en un quatrième et un cinquième état,
on ne peut voir dans ce fait qu'un progrès social. Mais il
n'en est pas moins vrai que la situation de ce cinquième
n'en est que plus lamentable, sa misère plus profonde, sa
masse plus inorganisée. — Toutefois, même ici, depuis
1889, un changement s'est produit. Dans la grande grève
des docks de Londres, les masses non instruites ont
obtenu par la force une augmentation de salaires et en
même temps ont pris de leur côté les premières mesures
pour s'organiser.—On comprend aisément que cette organisation est nécessairement beaucoup plus lâche que celle
des Trades-Unions et qu'elle se borne exclusivement à
tâcher de défendre contre les employeurs les intérêts des
associés comme le font les Trades-Unions. Si nous men-
tionnons ici cette différence de cohésion entre l'organisation des deux sortes de classes d'ouvriers, c'est pour montrer une fois de plus la condition inférieure et vraiment
misérable de cette couche sociale de travailleurs.

La grève des docks de Londres a mis en lumière un
autre fait qui est pour nous de la plus haute importance et
que nous avons pu constater aussi en Allemagne dans la

grève des mineurs des provinces rhénanes en 1880. Le gros de l'opinion publique et des journaux s'est mis à ce moment en Angleterre du côté des grévistes. Sans cela, il aurait été impossible aux ouvriers des docks de faire triompher leurs revendications. — Pourquoi ce fait est-il si intéressant? Parce qu'il révèle l'existence d'une idéale communauté d'intérêts qui embrasse toutes les classes instruites et non instruites de la société, parce qu'il nous montre dans l'opinion publique une sorte de tribunal supérieur et impartial quoique non exempt d'erreur, parce qu'enfin il fait comprendre aux travailleurs qu'à la condition de mettre de la mesure et de la modération dans leurs revendications, ils ne seront plus seuls dans la lutte, mais que leur cause est célle de tout le monde et qu'ils trouveront de l'aide tant qu'ils sauront mettre le droit de leur côté.

Mais ce qui a réussi une fois doit-il de nouveau et toujours réussir? Et cette victoire des ouvriers des docks n'est-elle pas une victoire à la Pyrrhus pour le mouvement social en Angleterre? Dans les agitations de ces masses non instruites se font jour de plus en plus des éléments et des idées socialistes que les anciennes Trades-Unions instruits avaient cherché et, la plupart du temps, avaient réussi à écarter. — Pourquoi? Evidemment parce que ces masses non instruites se sentent trop faibles pour pouvoir résister par leurs propres forces et pour se donner une organisation puissante et autonome. C'est à cause de cela qu'elles font appel, comme nos socialistes démocrates du continent, à une intervention énergique et étendue des pouvoirs publics. Les travailleurs font en effet partie de l'armée de réserve du capital. Ils se trouvent au plus bas degré de l'échelle sociale et constituent en quelque sorte le rebut des classes travailleuses. —Ils sont dans toute la force du terme la *masse* et rien que la *masse*. —C'est ce qui fait que l'organisation, la coordination et l'union sont ici si difficiles. — Le sable mouvant ne peut que rester sable mouvant. Et comme

les sentiments de solidarité et d'esprit de corps font absolument défaut dans cette catégorie d'ouvriers, il n'y a là
qu'une agitation aveugle et mécanique d'une masse sans
cohésion interne, sans esprit d'association.

L'Angleterre est actuellement, à ce point de vue, dans
une période de transitions. Une crise semble se produire
dans le mouvement ouvrier de ce pays. L'idée des Trades-
Unions sera-t-elle féconde et réussira-t-elle à opérer l'organisation de ces masses profondes du monde ouvrier, ou au
contraire l'idée et la forme socialiste doivent-elles l'em-
porter et attirer ensuite à elles les anciennes Trades-
Unions, comme certaines tendances semblent l'annoncer ?
Je ne connais pas assez les choses et les hommes de l'Angleterre pour pouvoir me prononcer sur ce point. Tout ce
que je puis dire, c'est que je ne partage pas absolument
le confiant optimisme d'un Brentano et d'un Schulze [1].

Un fait intéressant dans l'agitation anglaise, avons-
nous dit, c'est l'intervention de l'opinion publique
comme facteur décisif dans le mouvement ouvrier. C'est
là un fait nouveau qui montre bien tous les progrès
qu'ont fait les idées socialistes depuis quelques années,
même parmi les classes instruites. Il est inutile même de
considérer ici ce qui se passe en Angleterre. Ne trouvons-
nous pas en Allemagne un égal intérêt pour tout ce qui
concerne les questions ouvrières ? — Cet intérêt n'est-il
même pas plus grand encore et ne se manifeste-t-il pas là
surtout où il peut avoir le plus d'influence, je veux dire
dans les classes dirigeantes et même chez nos gouver-

---

(1) Schulze-Gävernitz (*Op. cit.*, t. II, p. 433), où se trouve relatée
une lettre de Brentano. — Cfr aussi les détails qu'il donne sur
l'assemblée générale du Verein für sozialpolitik à Francfort-
sur-le-Mein, le 27 septembre 1890, d'après les procès-verbaux
sténographiés de cette assemblée (Leipsik, 1890). Consultez dans
ces comptes rendus les déclarations du professeur Munro de Manchester. Enfin, consultez la dissertation de Brentano sur la position que doivent prendre les hommes instruits dans la question
sociale (supplément à l'*Allgem. Zeitung*, 1890, n° 128 et suiv.).

nants? A cette question il est possible de répondre à la fois oui et non. J'ai déjà parlé de l'intervention de l'opinion publique dans le mouvement des mineurs des provinces rhénanes. Mais la plupart du temps, ce qui se passe chez nous ne ressemble qu'en apparence à ce qui se passe en Angleterre. En réalité et au fond les différences sont profondes. Nous voyons en effet s'opposer ici deux conceptions sociales et deux principes inconciliables : le système du *self-help* et celui de l'intervention de l'Etat.

Même en Angleterre, ce dernier système s'est fait une certaine place, bien qu'encore très étroite. En Angleterre plus encore que chez nous le pouvoir législatif est depuis longtemps aux mains du capital et le parlementarisme anglais est un régime ploutocratique. — Aussi à peine a-t-on commencé à appliquer en grand le machinisme industriel, à peine le développement gigantesque de notre industrie moderne a-t-il pris son essor, que tous les anciens règlements qui arrêtaient les entrepreneurs et enchaînaient leur liberté ont été renversés. Par contre, la liberté des travailleurs qui pouvait devenir compromettante pour le régime de la concurrence industrielle voyait se dresser devant elle des obstacles infranchissables. — Même en France, en pleine révolution, la Constituante avait, le 14 juin 1791, interdit toute association ayant pour but de défendre les « prétendus » (sic) intérêts de l'Etat, ce qui, entre parenthèse, démontre plutôt la communauté d'intérêts de la bourgeoisie dans tous les pays, que le caractère social trop célébré et très exagéré aujourd'hui de la révolution française [1]. — Mais ce n'est qu'une réflexion en passant.

(1) D'après le compte rendu de la séance de l'Assemblée nationale du 14 juin 1791 (*Gazette Nationale* ou *Moniteur universel*, n° 166 de l'année), il a été interdit aux ouvriers de prendre des arrêtés ou délibérations, de former des règlements sur leurs prétendus intérêts communs. Dans la discussion sur la limitation à imposer au droit d'association, le rapporteur déclara, sans rencontrer de contradicteur, « qu'il ne doit pas être permis aux citoyens

— Pour les ouvriers anglais, ce fut une question de vie ou
de mort de pouvoir écarter ces règlements qui empê-
chaient ou restreignaient la liberté d'association et de
mettre fin par les voies légales à une exploitation des prolétaires qui menaçait la sécurité et la vie même de la nation.
— Il était plus difficile encore que chez nous de faire
triompher cette cause, parce que le suffrage universel
n'existe pas en Angleterre. Malgré cela, on y est arrivé.
Les partis anglais, les torys d'abord, les wighs ensuite,
poussés en partie par la pression de l'opinion publique
fortement influencée par les généreux appels de l'élite de
la nation (je ne nommerai ici que Thomas Carlyle [1],
Lord Ahsley et Dickens) furent amenés à créer une législa-
lation sur les fabriques destinée surtout à protéger les
femmes et les enfants et à mettre un terme à des abus
révoltants. — Il n'était d'ailleurs pas possible en Angleterre de se refuser plus longtemps à reconnaître le droit
d'association. — Depuis que ce résultat a été obtenu et
depuis que la législation sur les fabriques a trouvé sa fixation définitive dans la grande loi de 1878 qui résume le
travail de 80 années, les Trades-Unions croient pouvoir
arriver seules à leurs fins; elles estiment qu'on peut leur
abandonner la fixation de la durée du travail et du taux
des salaires ainsi que les mesures à prendre pour les assurances et pour les secours que réclament les nécessiteux.
Mais la masse des ouvriers non instruits est d'un avis

de certaines professions de s'assembler pour leurs prétendus intérêts communs « attendu que le but de ces associations n'est autre
que de forcer les entrepreneurs de travaux à payer plus cher la
journée de travail » !

(1) Sur Carlyle, on trouve dans Schulze-Güvernitz (*Op. cit.*, t. I,
p. 77 et suiv.) des renseignements qui peuvent suffire à ceux
qui ne préfèrent pas faire personnellement connaissance avec les
œuvres de ce grand écrivain. Sur lord Ahsley ou lord Shaftes-
bury, comme il s'appela par la suite, voyez l'*Essai* de Gustave
Cohn, dans la *Deutsche Rundschau* (décembre 1889 et janvier
1890).

opposé. Comme nos socialistes du continent, elle réclame une extension de l'intervention de l'Etat et surtout la réforme légale de la journée de huit heures. — C'est ici le moment d'examiner cette revendication qui est présentement à l'ordre du jour dans tous les pays civilisés et dont l'admission ou le rejet caractérise surtout l'attitude qu'on prend vis-à-vis du problème social. Je ne m'occupe pas ici de la première question qui serait peut-être à examiner : celle de savoir si la journée de huit heures ne porterait pas un coup mortel à l'industrie et à la concurrence dont elle vit. Je ne pourrais sur ce sujet rien dire de décisif. — En attendant les Trades-Unions anglaises me paraissent ici encore montrer leur sens pratique quand elles se refusent à rendre la journée de huit heures obligatoire tout d'un coup et pour toutes les industries, et quand elles s'efforcent provisoirement de la faire admettre dans certaines industries où cette mesure peut être utile et où elle n'étouffe pas la concurrence.

Ici encore nous ne nous occuperons que du côté moral de la question. — Y a-t-il dans cette revendication de la journée de huit heures autre chose qu'une impertinence ou qu'un cynique aveu de paresse? — Lorsqu'au printemps de l'année dernière (1890), j'allais étudier sur les lieux la grève de Mulhouse, j'eus l'occasion, quelques heures après, de m'entretenir dans une auberge d'un village badois avec les habitants du pays. Je les trouvais absolument indignés. « Quoi! disaient-ils, nous devons travailler du matin au soir, douze, quatorze heures et même plus et eux ils veulent la journée de huit heures; » — ils ne réfléchissaient pas qu'ils n'ont une si dure tâche que pendant les quelques semaines où ils ont à manier la faux, la charrue ou le hoyau. En hiver par contre ils n'ont rien ou presque rien à faire. — Ils ne réfléchissaient pas non plus qu'ils travaillent dans des conditions beaucoup plus salubres que les ouvriers des fabriques. Au lieu d'être parqués dans un espace étroit au milieu d'une pous-

sière suffocante et du vacarme assourdissant des machines,
ils travaillent la plupart du temps en plein air. Enfin leur
travail est beaucoup moins dur, entrecoupé qu'il est de
pauses plus ou moins longues laissées en partie à leur gré.
Ils ne sont point poursuivis et harcelés par le mouvement
incessant et infatigable de la machine et par l'activité
dévorante de la vapeur. J'ai eu les années précédentes, en
Wurtemberg, l'occasion d'entendre des ouvriers de la
campagne qui étaient occupés pour la première fois à une
machine à battre à vapeur. Le calme ordinaire des habitants du pays souabe les avait abandonnés, et ils récrimi-
naient amèrement contre cet affreux métier, en déclarant
qu'ils ne le supporteraient pas longtemps.

Les classes cultivées ne veulent pas, la plupart du
temps, entendre parler de la journée de huit heures.
Ce n'est pas précisément qu'elles regardent comme absurde
le partage de la journée de travail en trois parties : huit
heures pour le travail, huit heures pour le sommeil et
huit heures pour le délassement. C'est beaucoup quand
nous travaillons huit heures par jour et nos lycéens eux-
mêmes dont on déplore tant le surmenage ne travaillent
jamais en réalité plus de huit heures par jour, même quand
ils doivent une fois par hasard rester un peu plus longtemps au travail. Ce qui soulève tant de gens contre la prétention d'obtenir la journée de huit heures, c'est l'idée de
l'emploi qui serait fait probablement par la plupart de nos
ouvriers du tiers réservé au délassement. La plupart du
temps, il est vrai, ces huit heures seraient réduites d'une
heure par suite de l'obligation de faire une ou plusieurs
fois le trajet de la maison à la fabrique et de la fabrique à
la maison. Il ne resterait guère par conséquent que sept
heures de liberté. Il faut ajouter encore que l'ouvrier,
même en dehors de son travail professionnel, peut avoir à
s'occuper de diverses tâches intérieures qui demandent
aussi du temps; toutefois sept et même dix heures paraissent encore trop. Car quel emploi l'ouvrier en fera-t-il ?

Je voudrais pouvoir répondre : il les consacrera à son instruction et à la vie de famille. — Mais je serais traité d'utopiste et de visionnaire. Comment donc, c'est ainsi que se pose la question, la majorité de nos ouvriers emploieraient-ils leurs huit, sept ou six heures de liberté ? Comment, en outre, ces heures seraient-elles employées dans un état socialiste qui s'établirait du jour au lendemain et qui laisserait encore plus de liberté aux individus, en leur assurant une existence dont toute préoccupation d'intérieur serait retranchée ? — Sur cet emploi probable c'est à peine s'il peut exister une divergence d'opinions. Et quand Sidney Withman [1] justifie sa prédilection pour la vie allemande en insistant sur l'innocence des divertissements de notre peuple, si flatteur que soit pour nous cet éloge, nous croyons que Sidney Withman a vu l'Allemagne avec des yeux aussi favorablement prévenus que ceux de Schulze-Gävernitz quand il a étudié le régime des ouvriers anglais. Sidney Withman a vu la vie allemande plus en rose que nous ne pouvons la voir nous-mêmes, il a trop idéalisé la sobriété allemande ainsi que notre amour du chant et de la musique. Celui qui a passé une soirée dans le quartier Saint-Pauli à Hambourg sait à quoi s'en tenir sur cette innocence de nos mœurs. Nous ne voulons pas nous faire pires que nous ne sommes, mais c'est un euphémisme de dire que nos ouvriers ne feraient probablement pas de leur temps de liberté un emploi intelligent.

Mais pourquoi en est-il ainsi ? N'est-ce pas ici le plus terrible grief contre notre ordre social actuel ? Par quoi nous, gens cultivés ou, pour prévenir toute objection, par quoi nos enfants ont-ils mérité d'être introduits dès le début de la vie, dans un monde de jouissances supérieures, dans un monde de plaisirs plus purs et plus délicats, plus raf-

(1) *L'ouvrier allemand et l'ouvrier anglais. Comparaison de leur situation sociale et morale*, Sydney Withman (Berlin, 1801). (Reproduction développée d'un mémoire paru dans les *Preussische Jahrbücher*, octobre 1800.)

4.

finés et plus intelligents ? Par quoi ont-ils mérité — c'est
là le point le plus douloureux — non seulement de trouver
la vie plus douce, mais d'avoir plus de facilité pour devenir d'honnêtes, de braves gens ? Et qu'on ne pense pas
que cette privation d'une vie plus élevée et plus idéale ne
soit pas ressentie par les classes travailleuses comme une
cruelle infériorité ou qu'il n'y ait là qu'une manifestation
d'une envie condamnable et reposant uniquement sur
l'ignorance! Au contraire, il me semble qu'il y a de nos
jours chez ces pauvres créatures un soupir vers quelque
chose de meilleur et de plus élevé, une soif et une faim
des miettes de la table si abondamment servie de notre
science et de notre civilisation, une aspiration à peine consciente d'elle-même vers un rayon de lumière, un rayon de
vérité et de beauté.

Nous voyons ici une fois de plus l'illusion des utopies
socialistes qui voudraient nous faire croire que, dans une
monde nouveau et dans une société créée de toutes
pièces, il y aurait place brusquement pour des plaisirs plus
nobles et plus délicats, pour un monde de joies idéales.
Comme si les hommes n'avaient pas besoin d'une éducation
pour goûter les vrais plaisirs et si dans ce monde nouveau
composé d'hommes anciens l'idylle rêvée ne serait pas
remplacée par les abominations de Sodome et de Go-
morrhe! Et c'est ainsi que se justifie l'appréhension
qu'inspire l'adoption brusque et universelle de la journée
de huit heures.

Mais tout cela n'atténue pas notre culpabilité, à nous
classes cultivées. C'est nous qui sommes ici les accusés ;
car on peut nous blâmer d'avoir négligé nos devoirs et de
les négliger chaque jour davantage. Qu'avons-nous fait en
faveur de nos ouvriers, que pensons-nous faire en faveur
de nos domestiques pour les faire participer à notre instruction et à nos plaisirs plus élevés et plus purs ? Rien ou
presque rien. Nous nous séparons d'eux avec orgueil ; nous
faisons bande à part et nous nous croyons étonnamment

spirituels et intelligents quand nous disons dédaigncuse-
ment : « Je ne puis portant pas me rencontrer au concert
avec ma couturière, ni inviter mes domestiques à prendre
le café avec moi. » Comme si l'esprit grossier qui parle
ainsi comprenait la moindre chose à la question et méritait
d'être écouté quand il s'agit d'un aussi grave problème.
Comme si la vraie civilisation se rencontrait sous nos salles
de café et autour de nos tables de réunions ! et comme s'il
fallait chercher au théâtre et à l'opéra les vrais plaisirs
idéaux ! L'art de jouir, s'il dépasse le niveau des huîtres
et du champagne, est à peu près inconnu à nos classes
cultivées et jamais la vraie intelligence des beautés de la
nature et de l'art n'a été si près d'être réduite à zéro. Quoi
qu'il en soit, tandis que nous nous séparons si orgueilleusement des classes travailleuses et des domestiques, nous avons
l'audace de nous étonner et de nous indigner de ce qu'ils
se posent devant nous en étrangers et en ennemis, de ce
qu'ils nous envient notre existence supérieure et de ce
qu'ils aient des plaisirs et des goûts qui nous sont antipa-
thiques.

Un trait d'union entre les classes cultivées et les classes
a été pendant longtemps la religion. La Bible de Luther
établissait un lien entre les gens cultivés et les autres.
Mais qu'en est-il aujourd'hui ? Je n'ai pas à rechercher
en détail les causes de ce changement. Mais il serait absurde de méconnaître ce fait que l'Eglise a perdu peu à
peu son influence sur les esprits, même parmi les populations ouvrières, et qu'elle continue toujours à la perdre.
Si j'en crois ce que je vois, dans l'Allemagne du Sud —
mais on m'assure qu'il en est de même dans l'Allemagne
du Nord — les rapports des populations des campagnes avec
l'Eglise et le clergé se sont beaucoup refroidis. Et l'Eglise
y est bien pour quelque chose. Les choses se sont passées
comme dans l'ancienne Rome. L'Eglise s'est mise au service de l'Etat établi et de l'ordre social régnant. Par ce fait
même, elle s'est rendue suspecte aux classes inférieures.

Elle insistait peu sur la parabole du riche auquel il est difficile d'entrer dans le royaume des cieux; mais elle exhortait les malheureux et les opprimés à prendre patience et à compter sur une compensation' dans la vie future. Tout cela était bel et bon pour les riches et les possédants. Pourtant ils se sont montrés avares de respect et de considération pour l'Eglise; ils l'ont admise tout au plus « comme une fable convenue[1] » de telle sorte qu'elle se dresse aujourd'hui solitaire et abandonnée comme la Porta-Nigra à Trèves. Il n'est donc pas étonnant que le lien religieux entre les classes se relâche chaque jour davantage. « Nous ne voulons plus croire à cette religion que vous nous prêchez par pur intérêt et à laquelle vous ne croyez plus vous-mêmes. » Tel est le cri qui s'élève de toutes parts des rangs de la démocratie sociale et qui retentit comme la trompette du jugement dernier.

Donc, en réalité, le lien spirituel entre les classes cultivées et les autres, l'entente mutuelle des différents éléments sociaux est presque entièrement détruite. La plupart de nos frères n'ont aucune part à ce qui occupe nos intelligences, à ce qui nous fait agir, à ce qui nous charme et nous récrée, à la poésie, à l'art, à la science, à la littérature. L'amour de notre histoire nationale et le culte de nos grands hommes sont systématiquement étouffés parmi eux et les tentatives plus ou moins sincères faites par les classes supérieures pour divulguer ces sentiments n'ont produit le plus souvent que le résultat opposé. Et ainsi, en fin de compte, — cette remarque paradoxale se trouve déjà dans Lassalle — il ne reste qu'un terrain sur lequel nous nous rencontrons; mais c'est précisément aussi celui sur lequel nous sommes le plus divisés; — je veux dire le terrain de la question sociale. Les discussions et les débats qu'elle soulève, les principes que l'on invoque de part et d'autre préparent pour l'avenir une nouvelle entente sociale et, si

----

(1) Mots en français, dans le texte.

redoutables qu'ils paraissent au premier abord, créent peu
à peu un lien social nouveau. Cette œuvre sera sans doute
plus difficile en Allemagne qu'en Angleterre où les ouvriers
savent écarter tranquillement une opinion opposée à la
leur. Nous sommes discuteurs, passionnés, irréconciliables.
Un esprit de haine a soufflé parmi nous et l'intolérance religieuse qui depuis quelques dizaines d'années s'est remise
à croître comme une mauvaise herbe a donné à cet esprit
d'intransigeance un nouvel élément. Il n'en reste pas moins
vrai qu'il y a dans les discussions sociales un élément d'entente et c'est pourquoi on ne doit pas craindre d'entrer dans
ces débats, quand même on ne devrait en retirer aucune
reconnaissance.

Mais le devoir qui s'impose aux classes cultivées de
faire participer les classes travailleuses à leur vie intellectuelle ne restera peut-être pas éternellement lettre
morte. Ici encore l'Angleterre nous donne l'exemple. Il
s'y est produit un mouvement qui a précisément pour
but de combler cette lacune. Je veux parler du mouvement d'expansion des Universités, c'est-à-dire de l'effort tenté par les universités pour se mettre en contact
avec les populations ouvrières, pour leur communiquer une
partie de leur patrimoine intellectuel, pour les élever moralement et intellectuellement et pour les aider à acquérir
ou à recouvrer le sentiment de la dignité humaine. Elles
emploient pour cela deux moyens. Des jeunes gens qui
viennent de quitter les écoles se logent dans les quartiers ouvriers des grandes villes manufacturières et passent une partie de leur temps au milieu des ouvriers; ils
ont à leur disposition des logements spéciaux où ils entre
tiennent et instruisent leurs auditeurs. Ils prennent en
outre une part active à l'administration des intérêts de ces
quartiers ainsi qu'à l'amélioration des conditions d'hygiène.
D'autre part, les professeurs d'université eux-mêmes ne
jugent pas au-dessous de leur dignité de consacrer aux
ouvriers des cours spéciaux ou des leçons et de les initier

à un enseignement plus élevé. Des examens et des certificats prouvent qu'il ne s'agit pas seulement ici d'un enseignement superficiel, moitié scientifique et moitié populaire,
mais d'une instruction réelle et d'études solides.

Ces cours permettent à quelques ouvriers mieux doués,
puis bientôt à toute une élite, de sortir de la masse et de
s'organiser. Ils contribuent dans une mesure si faible qu'on
le voudra à combler l'abîme que crée l'antagonisme des
classes cultivées et des classes ignorantes. Ce n'est qu'un
grain de sable pour servir à édifier le temple de la paix.
Mais enfin c'est toujours un remède qui diminuera le vice
capital de notre époque.

Je ne puis toutefois passer sous silence une hésitation
qui me vient au sujet de ces tentatives si louables en elles-
mêmes. L'ouvrier instruit voudra-t-il rester ouvrier? Con-
sentira-t-il à renoncer aux joies du travail intellectuel,
pour retourner à son dur travail de huit heures? Quittera-
t-il la salle d'école où il reçoit les bienfaits de la science,
pour regagner son métier de tisserand ou les ténèbres de
la mine? — De plus, cette instruction acquise par l'ouvrier
dans ses moments de loisirs ne peut jamais être qu'une
instruction incomplète, ce que nous appelons aujourd'hui
une demi-instruction. — Je reconnais volontiers que notre
enseignement supérieur allemand avec sa préparation complète et ses études approfondies, ne peut être étendu à
tous et devenir la règle générale. J'estime même qu'on a
eu tort chez nous de vouloir rendre l'enseignement trop
uniforme et de le réglementer dans tous ses détails depuis
la sixième jusqu'aux examens de l'Etat; mais même en la
comparant à une instruction moins approfondie et moins
uniforme, l'instruction donnée aux ouvriers ne sera jamais qu'une demi-instruction. Car il ne s'agit pas seulement ici de se livrer, suivant les agréables projets de
Bebel, pendant ses heures de liberté à ses études
ou à son art préféré; il s'agit d'un travail sérieux, scientifique, qui absorbe l'homme tout entier et même lui

ôte ses forces pour le travail matériel. Les études auxquelles on se livre par délassement sont un jeu; l'acquisi-
tion de l'instruction est un travail; les phrases n'efface-
ront pas cette différence et c'est pourquoi je crains qu'à
part quelques individus exceptionnels, les ouvriers qui
doivent fournir un dur travail manuel ne puissent s'imposer
en outre le travail intellectuel nécessaire pour s'instruire.
Ils resteront à moitié chemin. Or la demi-instruction, nous
le voyons par l'exemple de nos instituteurs hâtivement et
artificiellement instruits dans leurs écoles normales, n'est
pas ce qui donne aux hommes le contentement et le bonheur. Pour me décider sur cette question, il faudrait que
j'aie vu ou que je puisse voir les résultats d'un tel enseignement. Schulze-Gavernitz ne donne pas sur ce point
de renseignements suffisants et d'ailleurs des faits
et des exemples isolés ne pourraient nous fournir là-des-
sus les éléments d'une solution.

Au point où nous en sommes, nous voyons la question
sociale se transformer en une question d'instruction, ce
qui ne laisse pas de soulever de nouvelles difficultés et
des difficultés en foule. Nos écoles sont justement appré-
ciées, parce qu'elles donnent à tous sans exception l'éducation et un certain degré de savoir et qu'elles sont ouvertes
même aux plus pauvres. Mais les services qu'elles rendent
répondent-ils entièrement aux sacrifices qu'on s'est imposé
pour elles? Donnent-elles au peuple ce qui lui est le plus
nécessaire et le lui donnent-elles sous la meilleure forme;
n'ont-elles pas eu souvent un enseignement arriéré et n'ont-
elles pas continué d'attribuer à des vieilles idées une valeur
qu'elles ont perdue? Ce sont là les questions qu'on se
pose aujourd'hui et qu'on se posera encore pendant bien
des années. Les cours d'adultes et les écoles profession-
nelles ne manquent pas chez nous et sont, dans le Wurtemberg par exemple, en pleine prospérité; mais dans
beaucoup de provinces allemandes, on n'a pas encore
pourvu d'une manière satisfaisante à l'organisation de cet

enseignement[1]. Et ceux qui en auraient le plus besoin, les
enfants des ouvriers, en sont, en général, exclus. L'exemple
du Wurtemberg montre encore les services que peut rendre
dans une région une organisation de Réalschule [2] à bon
marché et réservées aux enfants du peuple. Mais là encore
les préjugés sociaux exercent leur influence stérilisante.
Le sot orgueil qui regarde l'enseignement du latin comme
plus distingué empêche, dans la plupart des provinces, ce
genre d'école d'arriver à son plein épanouissement. Nos
gymnases sont assurément meilleurs que leur réputation;
mais sous l'influence de cette réputation, ils courent le
risque de perdre de plus en plus leur bonne organisation
et de n'être plus bientôt qu'une collection d'établissements
d'instruction sans cohésion et sans unité. Un autre danger,
c'est que la fréquentation de ces écoles et en général tout
notre enseignement académique supérieur ne devienne de
plus en plus un monopole des classes riches. On élève
sans nécessité le prix des études, et l'on oblige les jeunes
gens sortis des écoles à vivre pendant plusieurs années
de leurs propres ressources, comme surnuméraires ou
comme candidats à des examens. Par là on arrête l'af-
flux de sang frais qui viendrait des couches profondes
du peuple et on remplit à l'avance les futurs fonctionnaires
d'un ridicule orgueil de caste. D'un autre côté, beaucoup
de ces jeunes gens s'arrêtent à moitié chemin, parce que
les ressources leur font défaut pour aller jusqu'au bout;
et ils deviennent presque fatalement des mécontents qui
vont grossir les rangs de la démocratie socialiste. Enfin
nos universités sont à juste titre notre orgueil; — je ne le
dis pas parce que je suis un de leurs représentants. —

(1) Voyez l'étude de Gustave Schmoller, *Das untere und mittlere
gewerbliche Schulwesen in Preussen*, dans les *Aufsätze zur Sozial-
und Gewerbepolitik der Gegenwart*, p. 247-276. — La situation à
ce point de vue est particulièrement mauvaise en Alsace-Lorraine.

(2) Ces établissements d'instruction tiennent le milieu entre les Collèges (section des sciences) et les écoles primaires supérieures.(*V. d. T.*)

Néanmoins on se répète tout bas qu'elles ne sont plus absolument ce qu'elles étaient autrefois. Ce n'est pas que leur enseignement n'ait toujours produit, autrefois comme aujourd'hui, et peut-être plus qu'aujourd'hui, des déclassés et des prolétaires de l'instruction; il suffirait de citer les étudiants errants du moyen âge. Ce reproche n'est donc pas si grave, et d'ailleurs il doit s'adresser moins aux universités et à leur enseignement qu'à l'État lui-même et à notre organisation sociale qui rend plus lourdes pour les jeunes gens pauvres les charges de la carrière de fonctionnaire. Mais il faut bien dire que cette culture générale qu'elles donnaient autrefois à leurs étudiants, cette *universalité* qui caractérisait leur enseignement et à laquelle elles doivent leur nom, tendent de plus en plus à se perdre à notre époque de division du travail et de spécialisation croissante. Or, l'instruction spéciale n'est, elle aussi, qu'une demi-instruction. Pour ce qui concerne nos écoles supérieures de filles, tout le monde est d'accord pour reconnaître qu'elles n'ont produit que de mauvais résultats. Mais nous reviendrons plus tard sur ce point. En voilà assez sur ces questions d'enseignement. Nous ne voulions mettre en lumière que deux points : c'est d'abord que les questions d'instruction sont étroitement liées aux problèmes sociaux du temps présent; ensuite qu'il y a là un certain nombre de questions qui réclament une solution pratique. Mais il ne faut pas se faire de l'influence sociale de l'école une idée trop extérieure et superficielle. C'est ainsi qu'il est dangereux de charger l'école de combattre directement les doctrines de la démocratie sociale et d'espérer qu'elle obtiendrait dans cette voie de bons résultats. On créerait ainsi mille conflits entre la famille et l'école, entre les élèves et les maîtres, entre la tâche officielle du maître et ses convictions personnelles. Or, on ne fait rien à l'école sans la sincérité des convictions. Et si l'on connaît tant soit peu la nature humaine, on peut prédire que, dans presque tous les cas, la victoire

ne restera pas à la doctrine officielle et approuvée par
l'autorité; car il n'est pas facile de convaincre la jeunesse
de l'impossibilité ou des funestes conséquences des théories socialistes.

Généralement, on nous répète de tous les côtés : Plus
d'éducation et moins d'instruction! Moins de science et
plus d'action! Attachez-vous plutôt à former des caractères! C'est bel et bon; mais qu'on ne s'imagine pas
atteindre ce résultat avec une couple d'heures d'histoire
ou encore avec quelques heures d'instruction religieuse.
On doit commencer par se rendre compte que l'école
a déjà, depuis longtemps, travaillé à l'éducation de ses
élèves et que partout où elle remplit intégralement
son devoir, elle éveille en eux l'esprit social en leur inspirant le respect de la loi, l'estime du travail, la probité
dans tous leurs actes, la fidélité scrupuleuse au devoir
dans la tâche de tous les jours. Et de plus, quand l'institu-
teur est un caractère et a une vraie valeur morale, quand
il sait parler avec foi et chaleur des choses divines et
humaines, qu'il aime les enfants, alors on ne peut être
assez reconnaissant à l'école de l'œuvre qu'elle accomplit
et l'on doit témoigner cette reconnaissance aux instituteurs
en relevant leur situation sociale. — Il y a enfin une foule
d'améliorations à apporter dans les programmes d'études,
dans les méthodes, dans l'enseignement et le système
d'éducation, dans les mesures d'hygiène et dans les efforts
que l'on fait pour éveiller dans l'âme de l'enfant le sentiment du beau. — Mais, avant tout, qu'on n'oublie pas deux
choses : l'école a, elle aussi, une tradition et une histoire
et il est important de la suivre et de la respecter; ensuite
l'école a besoin d'une certaine liberté d'action. La diver-
sité, l'initiative individuelle lui sont indispensables. Donc,
la bride moins serrée! autrement c'en est fait de la vie de
l'école. Je vois sur ce terrain maints progrès à faire, mais
aussi, bien des voies où l'on s'égarerait. Et il me semble
que nous n'avons pas évité ces dernières.

J'aurai sous peu l'occasion d'examiner en détail ces vices ou ces lacunes. Pour le moment, ce que j'ai dit peut suffire et je le résume en citant une parole de Schmoller [1] : « L'antagonisme qui crée le péril social, s'écrie-t-il, n'est pas un antagonisme de fortune, mais un antagonisme de culture et d'éducation. Toute réforme sociale doit porter sur ce point; elle doit relever le genre de vie, le caractère, les connaissances et l'intelligence des classes inférieures. » A quoi nous ajouterons pour notre part, car c'est ce qui nous a amenés à la question de l'instruction : Toute réforme sociale, pour être efficace, doit rapprocher les distances, rendre les hommes égaux, même dans leurs plaisirs et leurs délassements; elle doit les faire tous participer aux joies supérieures de l'art et de la beauté.

Nous voici ramenés au point de départ de toute cette discussion, à la journée de huit heures. Il faut faire en sorte que les six ou sept heures de liberté que l'on veut assurer au monde ouvrier deviennent pour lui une bénédiction et non un fléau. Quand nous aurons à parler de la famille, nous reviendrons sur cette question et nous la traiterons avec plus de développement. En attendant, nous répéterons ici ce qu'il faut dire à propos de tous les rêves d'avenir du socialisme : toute mesure brusque est un mal. La réduction universelle de la journée de travail à huit heures ou même, comme le veut Bebel, à quatre et trois heures, serait assurément, pour les ouvriers, le plus grand malheur. Des hommes sans instruction ne savent que faire de leur liberté, et le vieux proverbe est toujours vrai : L'oisiveté et l'ennui engendrent tous les vices. Il faut donc commencer par une réforme intérieure, avant de songer à des mesures et à des règlements extérieurs. A vrai dire, il y a ici une sorte de cercle vicieux. Ceci n'est possible que par cela et inversement. Sans air libre pour les poumons, sans loisirs pour s'instruire, comment l'ouvrier se

(1) Schmoller. Note 8 de l'ouvrage cité plus haut, p. 276.

créera-t-il une nouvelle vie intellectuelle? — Oui, il y a ici, semble-t-il, un cercle vicieux, et les ouvriers ont raison quand ils réclament une diminution considérable de la journée de travail ; peut-être même quand ils réclament la journée de huit heures. Mais sans parler des intérêts de l'industrie, l'Etat n'a pas moins raison quand il se refuse à imposer par voie légale propre le maximum de huit heures pour la journée de travail.

Ceci nous ramène en arrière à une question essentielle qui se pose au début de toute cette discussion. Je veux parler du problème de l'intervention de l'État et de la libre initiative. Après le congrès de Halle et l'abandon de la loi d'airain qui comble en partie l'abîme qui existait entre le socialisme et notre organisation actuelle, les appels à l'intervention de l'État seront de plus en plus fréquents et de plus en plus énergiques dans le parti socialiste [1]. Mais tout ce qu'il obtiendra en ce sens ne sera jamais regardé par lui que comme un acompte et, après comme avant, il gardera l'espoir de mettre de plus en plus l'État sous sa dépendance et finalement de l'absorber entièrement.

Que faut-il penser de cette prétention et en général de la question qui se pose ici, celle de l'antinomie entre l'intervention de l'État et l'initiative individuelle ?

Il est incontestable que l'initiative personnelle est supérieure au point de vue moral. Supposez une caisse constituée par de petits apports qui exigent de l'ouvrier la pratique de l'économie et le sacrifice de certains plaisirs ; supposez-la administrée par un groupe d'associés qui s'habituent ainsi à la pratique de la justice et de la probité contrôlée par la communauté qui doit apprendre à apprécier les services rendus à la collectivité et à exercer la justice distributive ; — cette entreprise n'exerce-t-elle pas une

(1) Le Congrès de Berlin vient de déclarer que la démocratie sociale n'a rien de commun avec le socialisme d'État (1892). Bebel et Liebknecht veulent maintenir le caractère révolutionnaire du parti social démocrate. (*N. d. T.*)

action morale et éducatrice infiniment plus grande qu'une organisation administrée et subventionnée par l'État et soumise au régime bureaucratique ? Aussi l'initiative particulière est-elle préférable à tout le reste. Ce qui se passe en Angleterre montre que les bons ouvriers peuvent réussir dans cette voie. Les Trades-Unions, depuis qu'on leur a laissé toute liberté pour leur organisation, ont amélioré la situation matérielle et élevé le niveau intellectuel de leurs membres. C'est pourquoi, se rendant compte de leur valeur et de leur force, elles repoussent expressément et en principe l'intervention de l'État. Les membres de ces associations sont ainsi animés d'un sentiment de force et d'indépendance, d'un esprit d'ordre, de discipline, d'honneur et de devoir. Il est vrai que les ouvriers non instruits restent bien loin d'une pareille organisation ; ils ne peuvent se suffire à eux-mêmes et réclament l'intervention de l'État avec non moins de violence qu'on ne le fait chez nous. Nous dirons plus loin un mot de la question de savoir si des organisations semblables aux Trades-Unions peuvent subsister dans l'État sans danger pour ce dernier. En attendant, l'expérience ne peut nous permettre de trancher la question, d'autant plus que dans l'organisation solide et compacte de la monarchie allemande ces associations pourraient agir d'une façon toute différente et devenir un élément de dissolution beaucoup plus énergique qu'elles ne peuvent l'être dans la structure plus lâche de l'État anglais.

Si le self-help est la tendance dominante de l'Angleterre, le recours à l'État est la caractéristique de l'Allemagne. Nous sommes un peuple mis en tutelle depuis des siècles. Nos administrations indépendantes sont jeunes et sous beaucoup de rapports imparfaites. Nous avons de bons fonctionnaires qui connaissent leurs devoirs et savent les remplir. La discipline de fer de notre armée fait notre orgueil. Chez nous, le développement physique même exclut la liberté. Nous ne faisons pas de boxe, mais de la gymnastique, et la gymnastique prend toujours plus ou moins

le caractère d'un exercice militaire au lieu d'être un exercice libre et un jeu. De plus, pendant les vingt dernières
années, la forte main de Bismarck, en nous assurant la
sécurité, nous a fait perdre le sentiment de la responsabilité et de l'initiative. — C'est pour cela que dans les cas
difficiles et même faciles nous en appelons à l'aide et à la
police de l'État; nous abandonnons tout à son initiative.
— Pourquoi, dès lors, ne pas remettre aussi entre ses
mains la solution de la question la plus difficile, la question sociale? — « C'est à peine si l'on a fait entendre
quelques appels à l'initiative privée en faveur des ouvriers
allemands. » (Sidney Withman [1].) Bien plus, l'initiative
privée est dénigrée et mal vue, et l'État est si souvent
intervenu en faveur des masses que l'on s'est habitué à
son intervention, en se déshabituant de toute autre initiative. Le mode de votation établit encore entre l'Angleterre
et l'Allemagne une différence à cet égard. En Angleterre,
même après les dernières lois qui élargissent le droit de
vote, le prolétariat des ouvriers non instruits reste en dehors de ce droit. Chez nous, le suffrage universel donne
aux ouvriers l'espoir de se rendre maîtres, dans un temps
donné, du pouvoir législatif, surtout si l'on continue à
écarter du Reichstag, en ne payant pas les députés, la
moyenne classe instruite. Enfin, notre conception de
l'État est devenue de nos jours absolument différente de
ce qu'elle était au temps de Guillaume de Humboldt.
Elle ne s'oppose plus à ce que l'on recoure à l'État et
nous trouvons tout naturel que celui-ci réponde à notre
appel. Nous savons tous avec quels sentiments généreux
l'État est entré dans ce rôle, et le message du 17 novembre
1881 nous a, en son temps, remplis d'étonnement [2].

(1) Sidney Withman, *op. cit.*, p. 25.
(2) Ce message de l'empereur Guillaume Ier affirme pour la
première fois le devoir qu'a l'Etat de prendre l'initiative des
réformes sociales en faveur des ouvriers. Il constitue une sorte
de proclamation officielle du socialisme d'Etat.

Mais une objection est possible et je ne sais pas si l'expérience ne commence pas déjà à lui donner raison dans une certaine mesure. L'intervention toujours croissante de l'Etat et l'organisation bureaucratique qui en résultera n'étoufferont-elles pas toute initiative personnelle chez les travailleurs et ne les amèneront-elles pas à tout attendre de l'Etat ? Les utopistes veulent transformer les ouvriers en employés de l'Etat et en fonctionnaires ; mais ils oublient qu'il faut pour cela une éducation préalable. La probité professionnelle, l'intégrité et la conscience scrupuleuse de nos fonctionnaires allemands sont le résultat d'une longue discipline, le fruit d'une rude école. Ce serait faire fausse route que de vouloir du jour au lendemain combler l'ouvrier des bienfaits de l'Etat, pour voir si par là on lui inculquerait l'amour de l'Etat et l'attachement à ses devoirs. Le pis n'est pas que la convoitise grandirait à mesure que la main de l'Etat s'ouvrirait davantage, mais que les ouvriers ne seraient plus que des créanciers de l'Etat qui voudraient exercer des droits sans avoir ni la notion ni l'habitude du devoir.

Tout à côté de la voie royale de la monarchie socialiste qui vient en aide aux faibles est, comme on le sait, le chemin funeste du césarisme qui nourrit les masses de pain et de spectacles sans les rassasier jamais ni les contenter. En Allemagne, il n'y a de solution possible que par l'assistance de l'Etat. Mais cette assistance doit agir de façon à provoquer l'initiative privée et à se rendre elle-même de plus en plus inutile. Ou, pour employer la formule de Sidney Withman [2], « la discipline qui jusqu'à présent a agi de haut en bas doit désormais pénétrer de bas en haut toute la masse du peuple ». En termes plus clairs, cela signifie que les ouvriers doivent contribuer eux-mêmes à toutes les dispositions prises en leur faveur. Et ils doivent y contribuer non seulement par l'argent,

(1) Sidney Withman, *op. cit.*, p. 25.

mais encore et surtout par une entente commune et par
une vraie intelligence de leurs intérêts. L'administration de
l'affaire ou tout au moins au début, une partie de cette
administration leur sera attribuée. C'est ainsi seulement
qu'ils apprendront à se sacrifier à la communauté et qu'ils
se prépareront intellectuellement et moralement à servir
la société.

Ainsi est possible la conciliation de ces deux systèmes
que nous n'avons encore vus que dans leur antagonisme :
l'individualisme et le socialisme. L'État doit intervenir ;
mais pour éveiller l'initiative privée. L'esprit social doit se
développer indépendamment des règlements et des formes
extérieures ; il doit inspirer à chaque individu cette idée
que tout dépend avant tout de lui et de sa propre initiative ;
il doit faire de chacun de nous une personnalité libre et
consciente d'elle-même, un caractère. « Ainsi la plus large
liberté de l'individu se conciliera avec la plus active coopération de chacun au bien de tous [1]. »

Les patrons n'ont pas moins besoin que les ouvriers
d'être soumis à cette éducation morale et sociale. C'est là
la part de vérité que contiennent les doctrines de Brentano.
Mais il ne faut pas négliger non plus l'autre élément de la
question que j'ai mis ici, à cause de cela, en première ligne :
l'éducation de l'ouvrier.

Depuis longtemps nous ne rencontrons plus guère parmi
les patrons, surtout en Allemagne, ces égoïstes féroces et
systématiques, tels qu'il avait pu s'en produire au moment
du triomphe complet de l'individualisme. Nous le devons
à l'esprit public qui a toujours une certaine influence sur
les patrons, en même temps qu'aux résistances que l'État
a de tout temps opposées chez nous aux tendances indivi-
dualistes. Ceux même qui ont montré de la mauvaise
volonté ont trouvé des barrières qui les ont arrêtés. —

(1) Expression de Félix Adler, citée par Salter (*Op. cit.*, t. III,
p. 48).

Enfin, soit de gré, soit de force, soit habileté, soit humanité, nos patrons ont pris à tâche de venir en aide par
diverses mesures aux ouvriers et de rendre leur situation
plus tolérable et plus digne d'êtres humains. Et surtout
lorsque le fabricant est aidé dans cette œuvre d'humanité
par sa femme et par sa fille, il y a dans le bien qu'ils font
je ne sais quelle grâce et quel charme qu'y ajoute le cœur
de la femme.

Donc, au début, c'est la bienfaisance que nous voyons
agir ; c'est la sollicitude d'un bon maître pour ses subor-
donnés ou d'un père pour ses enfants. Mais ce rôle de
chef de famille est très délicat, par le fait même qu'il
confirme le patron dans le sentiment de sa supériorité et
de sa souveraineté. Il ressemble quelque peu à ce despotisme éclairé qui prend pour formule : « Tout pour le
peuple, rien par le peuple. » — Un tel régime peut convenir à une société restreinte, à une entreprise particulière
dans laquelle le patron a constamment sous les yeux tous
ses hommes et les connaît individuellement. Il peut durer
tant qu'il y a à la tête de l'entreprise un homme de tact,
peut-être même un « self-made » qui, sorti lui-même des
rangs des ouvriers, est resté très près d'eux, par son éducation et par sa façon d'entendre la vie. — Mais dès la
seconde génération il en sera tout autrement.

Un nouveau Pharaon sera appelé au trône d'Egypte. Le
jeune maître se montrera hautain, absolu et orgueilleux.
La paternelle prévoyance du chef disparu sera remplacée
par l'attitude hautaine et blessante du patron qui a la
conscience de sa situation de maître.

Mais ce qu'il y a de pis pour l'ouvrier, c'est qu'il ne
trouve dans tout cela aucune garantie de durée, aucun
droit permanent, aucune sécurité positive. Ces bienfaits
qui dépendent absolument de la personne du bienfaiteur
ne peuvent lui donner satisfaction, parce qu'ils ne lui garan-
tissent pas la tranquillité et qu'il a toujours un changement
à redouter. De son côté, le patron, justement irrité de

l'ingratitude de ses obligés, sent croître dans son cœur la haine et le mépris des hommes. La bienfaisance cordiale et la reconnaissance qui devraient exister sont remplacées chez les uns par l'ingratitude et le mécontentement, chez l'autre par un mépris pessimiste et hautain. D'un côté comme de l'autre, absence absolue de tout sentiment d'entente et de collaboration sociale ; mais, au contraire, une hostilité pleine d'amertume et d'aigreur qui se traduit à la première occasion par d'irréconciliables conflits. — C'est pourquoi il en est de ces œuvres particulières d'assistance comme de l'assistance de l'État. Elles ne peuvent réussir qu'à la condition de rendre possible et de faire naître une assistance due à l'initiative des ouvriers eux-mêmes. Mais une assistance pratiquée en vue de favoriser l'initiative a pour but final la liberté générale, l'égalité des droits et l'autonomie des personnes. — Nos patrons ont une grande peine à reconnaître cette vérité et à agir dans cet esprit de désintéressement. Car rien ne flatte plus la vanité humaine que d'exercer la bienfaisance et de jouer à l'égard des autres le rôle d'une providence. Mais l'esprit social leur demande impérieusement de faire le sacrifice de cette vanité. Toutes les fois qu'ils font une innovation en faveur de leurs ouvriers, ils doivent effacer leur personnalité et leur abandonner autant que possible la libre administration de l'affaire. Ils ne doivent pas toutefois devenir impersonnels ; mais ils doivent rester, selon l'expression de Carlyle, les lieutenants industriels, les capitaines de l'armée du travail, sans se laisser décourager par l'ingratitude ni aigrir par l'opposition. Je sais que c'est beaucoup demander au tact, à l'abnégation et au désintéressement du chef d'atelier. Peut-être serait-il possible de faire appel ici encore à l'égoïsme et de leur représenter que ces sacrifices apparents sont au fond un habile calcul, puisque par ce moyen il obtiendra un meilleur personnel. Mais cette raison ne peut avoir de valeur réelle à nos yeux. Le véritable esprit social, en effet, doit consister à nous sacrifier au

besoin des autres, à ne compter pour rien nos propres
intérêts quand il s'agit des leurs, à nous reconnaître en
eux et à les regarder comme une libre personnalité jouis-
sant de droits égaux aux nôtres.

Pour réaliser cette égalité de droits, on peut recourir
à un autre moyen, sur lequel malheureusement nos patrons
sont loin d'être d'accord et dont l'application n'a pas donné
de bons résultats même dans la République suisse [1]. Je
veux parler d'une organisation où les ouvriers seraient
admis à participer à la gestion de la fabrique, où le taux
des salaires et la durée du travail seraient fixés d'une façon
régulière et en quelque sorte avec les formes parlementaires, en vertu d'un accord entre les patrons et ouvriers
et où enfin la discussion des intérêts généraux serait soumise à des comités ouvriers. La discipline, venant d'en
haut, nous parait toujours la seule forme possible d'organisation. Nous ne pouvons concevoir que l'on puisse se faire
à soi-même un règlement et le fabricant dont la méfiance
est, il faut le dire, souvent justifiée, ne croit pas l'ouvrier
capable de modérer ses prétentions en tenant compte de
la situation économique générale. Pourtant ce qui se passe
en Angleterre montre qu'il n'y a là rien d'impossible. En
Angleterre, les associations ouvrières ont peu à peu conquis tous ces droits et ordinairement elles n'en font aucun
abus. Je ne doute nullement que ce ne soit là le but à atteindre, si l'on veut prendre au sérieux la liberté et la
personnalité même du plus infime ouvrier. Il faut, avec
un peuple libre, se maintenir constamment sur le terrain
de la liberté. Mais la liberté exige une éducation spéciale
non seulement de celui qui la reçoit, mais aussi de celui
qui la donne et qui pour cela doit renoncer à son omnipo-
tence. Nos fabricants devraient, il me semble, avoir l'intelligence assez large pour voir ces choses à temps et pour

---

(1) Ce sujet est spécialement traité par G. Königs, *Die Durchfüh-
rung des schweizerischen Fabrikgesetzes*, 1891, p. 75.

résoudre d'eux-mêmes la question avant d'y être contraints par la force.

Ne peut-on faire un pas de plus et l'entrepreneur ne peut-il faire participer ses ouvriers aux bénéfices [1]? Schmoller a récemment soutenu ce projet avec beaucoup d'ardeur. Il veut naturellement que le salaire fixe subsiste concurremment avec la participation de l'ouvrier aux bénéfices. On réunirait par là, dit-il, les avantages de la gestion républicaine et de la gestion monarchique. — Ainsi le système patriarcal et précaire des gratifications et des étrennes serait remplacé par une participation aux bénéfices établie d'après des conventions déterminées; ainsi au mode de paiement tel qu'il existe sous le régime individualiste et qui a l'inconvénient d'isoler l'individu et de développer l'égoïsme, s'oppose le régime de la participation qui intéresse tous les associés à la prospérité de l'entreprise et les excite ainsi à l'effort collectif. Presque partout où des essais ont été faits, les résultats ont, parait-il, été très satisfaisants. « Les entrepreneurs sont unanimes à reconnaître, dit Schmoller, que les efforts des ouvriers, leur zèle, le soin qu'ils prennent du matériel et des machines ont augmenté au fur et à mesure que les parts qu'ils touchaient élevaient davantage leur salaire. Ainsi les entrepreneurs ont fait une bonne affaire et ont payé les parts non de leur poche, mais sur l'augmentation des revenus de l'entreprise. Les employés et les ouvriers ne changent plus aussi souvent que par le passé, les ouvriers sont attachés à l'entreprise; le personnel d'inspection peut être réduit; enfin des petits larcins de toute sorte qu'on ne pouvait auparavant empêcher disparaissent parce que les ouvriers voient que par ces délits ils se font tort à eux-mêmes. Presque partout le système de la participation aux bénéfices a fait preuve d'une remarquable influence éducatrice. L'ouvrier

---

(1) G. Schmoller. *Sur la participation aux bénéfices*. Voyez son ouvrage déjà cité. Le passage que nous citons dans le texte se trouve page 455 et suivantes.

qui reçoit·une part se demande constamment quelles sont les innovations avantageuses qu'il y aurait à faire; il devient inventif; il perfectionne la production sans avoir besoin d'y être incité; enfin il s'initie aux vicissitudes de la vie des affaires et il renonce aux prétentions et aux projets utopiques. D'un ennemi il devient pour le patron un associé et un co-intéressé. Les rapports d'un grand nombre de ces maisons proclament qu'on peut sous ce régime exiger des ouvriers une ponctualité, une précision, une perfection du travail qu'on n'avait pu obtenir des ouvriers payés au salaire fixe. Rien de plus naturel, puisque l'ouvrier qui reçoit un salaire fixe travaille pour autrui, tandis que celui qui participe aux bénéfices travaille pour lui-même. » (Schmoller.)

Mais si grands que soient les avantages du système de la participation, il ne nous fournit pas encore complètement la solution cherchée. Le fabricant redoute que ce système ne lui enlève le commandement dans sa propre maison et que ses ouvriers n'aient la prétention de contrôler et de critiquer ses comptes. Il y voit une pente funeste qui nous ferait descendre toujours plus bas et nous conduirait à la dissolution de tout ce qui existe. Les ouvriers eux-mêmes n'y trouvent pas toujours leur compte. Ils peuvent croire qu'on veut réduire le salaire fixe et rendre incertaine et précaire une partie de ce qui leur reviendrait de droit. Car il va de soi que le boni sur les bénéfices ne leur est payé que lorsque l'entreprise prospère. Enfin il est une chose qui donne à penser : c'est que bon nombre de ces tentatives ont échoué et qu'après avoir essayé du nouveau système on a été forcé de revenir à l'ancien.

Il ne faut voir d'ailleurs dans la participation aux bénéfices qu'un des moyens qui, à côté des associations de production, des unions de métiers, des comités ouvriers et des mesures d'assistance de toute sorte, peuvent être mis en œuvre pour contribuer à l'éducation sociale des patrons et des ouvriers qui doivent ainsi amener le règne de la paix.

L'idée dont s'inspire ce système, c'est-à-dire la fusion du principe d'association avec l'ancien régime directorial et patronal est une heureuse idée. Elle sera surtout féconde si l'on renonce à appliquer violemment et brusquement ces réformes, comme le veulent les doctrinaires. Il faut avec *Schmoller* reconnaitre que les mesures extérieures doivent aller de pair avec une réforme intérieure et que l'éducation sociale est la condition de tout le reste.

Enfin, il nous reste un dernier point à éclaircir. Il semble que la solution de tout cela aboutisse à l'absorption des petites industries dans les grandes entreprises. Or on peut se demander si ce mouvement ne doit pas être plutôt contrarié que favorisé. Naturellement il n'est pas question ici d'arrêter dans son essor la grande industrie et de lui porter le coup de mort. Mais ne serait-il pas à propos de protéger les petites industries et de s'intéresser au maintien des petits patrons ? Quand on pense au fond de moralité qui s'est accumulé depuis le moyen âge dans cette classe si respectable de la petite bourgeoisie, on sera tenté de regretter toute mesure qui lui serait défavorable ; de se réjouir de toute mesure de protection prise en sa faveur [1].— Sans doute — mais on peut aussi poser la question autrement : Ne serait-il pas possible d'inculquer à nos ouvriers de la grande industrie, sous une forme différente et plus libre, l'esprit qui animait ce monde de la petite bourgeoisie et des petits patrons ? En particulier les relations cordiales qui existaient alors entre le maitre et les compagnons (relations qui, si j'en crois ce que je vois autour de moi, ont bien disparu aujourd'hui et qui ne seront pas avantageusement remplacées par une législation sur les contrats), ces relations, dis-je, ne pourraient-elles pas revivre aujourd'hui entre le grand industriel et ses ouvriers et remplir et vivifier d'un contenu moral la forme juridique du contrat ?

---

(1) Il faut louer sans réserves la tentative faite dans ce sens par Schulze-Delitzsch. (*Note de l'auteur.*)

Il me semble que cela n'est pas impossible. Seulement ce ne sont pas les contrats ni les contraintes légales qu'ils peuvent invoquer qui créeront et maintiendront l'accord. Au contraire, c'est là seulement où la paix habite, où patron et ouvriers s'unissent dans un même sentiment de justice et sont également satisfaits les uns des autres qu'en dehors de tout contrat des relations durables s'établiront et que l'instabilité actuelle sera remplacée par l'avènement d'une race nouvelle d'ouvriers attachés à demeure et dévoués à l'entreprise [1].

Pour résumer ce que nous avons dit de tous ces moyens proposés pour arriver à la paix sociale, nous en revenons toujours à la même conclusion : La seule solution pratique consiste à faire naître parmi nous l'esprit social, à soumettre les deux parties, patron et ouvriers, à cette discipline morale, à agir sur eux par la parole et par le fait, en employant pour cela tous les moyens : l'instruction, la force de l'habitude, les enseignements de l'expérience, l'autorité de la morale et des lois. Et nous sommes d'autant plus impérieusement appelés à collaborer à cette œuvre, que nous sommes tous en quelque façon ouvriers ou patrons ou les deux à la fois. Chacun pour sa part pourra contribuer à cette grande solution et y réussira d'autant mieux qu'il y apportera plus de résolution et d'énergie. Nous autres, gens des classes instruites, nous avons tous dans notre maison, dans la personne de nos serviteurs une partie de la question sociale. C'est ici, il me semble, que le besoin d'amélioration se fait sentir le plus. Les plaintes sur les mauvais serviteurs ne prouvent qu'une chose : l'existence d'un vice dans notre situation sociale actuelle. Le mot de maître n'entraîne plus que l'idée de domination impérieuse et blessante tandis qu'au mot de serviteur s'attache le sens de valet ou d'esclave. Abandonnons donc ces

(1) Schmoller. *La nature des contrats relatifs au travail et la rupture des conventions*, ouvrage cité, p. 64-130.

mots et abandonnons aussi ces idées. Demandez-vous, lecteur, et vous, lectrice, si vous ne pourriez pas faire mieux
avec un peu de bonne volonté. — Mais avec de la bonne
volonté. — Cela est essentiel et vos gens doivent la sentir.
Vous devez avoir un cœur pour eux et ils deviendront capables d'en avoir un pour vous, car vous êtes des hommes
les uns et les autres. Autrement, leur situation dans votre
maison pourra s'améliorer ; mais vous ne les aurez pas,
eux, rendus meilleurs et vous-mêmes ne le serez pas devenus. Mais ce n'est là qu'un exemple en passant. La tâche
est immense ; elle s'étend à tout. C'est cette grandeur
même qui fait le péril de demain et de tout l'avenir. Car
qu'on ait déjà beaucoup fait pour aplanir les difficultés,
pour organiser la masse, il reste à faire infiniment plus
encore et le grand problème reste toujours non résolu :
— Comment avec des éléments bruts et non dégrossis former une société organisée et disciplinée ? — L'histoire du
monde nous laissera-t-elle le temps de faire cette éducation de l'humanité ? Il me semble parfois que les vers
d'Uhland sur la situation politique en 1816 s'appliquent à
notre situation sociale actuelle : « Tout est encore déses-
péré ; pourtant j'ai vu plus d'un œil s'enflammer ; j'ai entendu battre plus d'un cœur. » De 1816 sont sortis 1866 et
1870. Mais dans l'intervalle nous avons eu les années agi-
tées de 1830 et 1848. Il est vrai que l'histoire du monde ne
se répète pas d'ordinaire ; elle poursuit sa marche inflexible
sans se soucier des individus ni même des nations. Et cependant que serait-elle sans les nations et sans les individus ? Donc, *Sursum corda !* haut les cœurs ! Peut-être est-ce
de vous que dépend le salut !

CHAPITRE IV

Le socialisme trouve devant lui des institutions établies : l'État, l'Église et la Famille. Quelle sera son attitude vis-à-vis d'elles? Est-il disposé à les traiter en ennemies, à les détruire et à les remplacer ou bien cherchera-t-il à faire alliance avec elles, à se les assimiler et à les accommoder à ses principes? Ces questions exigent une réponse.

Comme nous avons déjà traité en partie la question de l'État et celle de l'Église, nous pourrons être brefs. — Le socialisme bien compris et se comprenant lui-même ne supprime pas l'État. Bien au contraire, il aspire à le subordonner à ses principes, à lui communiquer son esprit et à étendre considérablement les limites de son action. Dès aujourd'hui, il réclame instamment son intervention et il lui assigne un rôle analogue, quoique en un certain sens complètement opposé à celui du Leviathan de Hobbes qui supprime toute initiative particulière. Tout à l'État! Telle est la devise du futur état socialiste. Il n'y a que les partis extrêmes, quelques socialistes russes et tout le clan des anarchistes qui veulent détruire l'État et le dissoudre en petites communes indépendantes. Ce serait là s'éloigner du but poursuivi qui est l'établissement d'une production en grand, d'une gestion réglementée de la production et de la consommation et d'une répartition socialisée de la richesse produite. Il est impossible de nier que cette forme communiste ne soit en contradiction absolue avec le principe fondamental du socialisme.

Bebel pense, il est vrai [1], *que si l'on supprime la propriété privée, si les oppositions de classes s'éteignent, l'État disparaîtra lui aussi insensiblement et que son organisation devenue superflue s'évanouira sans que nous nous en apercevions.* — Mais la façon dont il décrit cette évolution d'après Frédéric Engels montre bien qu'il n'y a ici qu'une querelle de mots ou qu'un procédé commode pour échapper à certaines difficultés embarrassantes. Il est certain que le gouvernement politique fera place à une gestion économique des intérêts sociaux et des moyens de production, que le mécanisme politique disparaîtra ou du moins sera considérablement réduit, que nombre de lois et de fonctions deviendront inutiles et qu'ainsi on sera en droit de dire à la rigueur qu'il *n'y aura plus que la société socialisée* et que l'État démocrate socialiste aura cessé d'exister. Mais, en attendant, nous pouvons continuer à parler de l'État socialiste futur avec d'autant plus de raison qu'il est la seule forme sous laquelle nous puissions nous représenter la force sociale capable d'entreprendre et de mener à bonne fin une tache économique aussi considérable.

Au reste, l'idée d'étendre de plus en plus les pouvoirs de l'État ne nous effraye plus comme autrefois. En fait nous vivons sous le régime de la centralisation ; nous assistons tranquillement à ses progrès comme à une chose nécessaire et nous les favorisons même en maintes circonstances. Nous la défendons par le vote et par la presse et nous examinons comme une chose toute naturelle les avantages et les inconvénients d'une extension croissante des attributions du pouvoir central. On peut certes accorder à Bebel [2] que l'État actuel n'est pas socialiste et que son administration ne répond pas aux principes et à l'idéal

(1) Bebel. *La Femme*, p. 311 et suiv. Cf. aussi p. 284.
(2) Bebel. *La Femme*, p. 291 et suiv.

du socialisme. Mais lorsque Bebel invoque à l'appui de sa
théorie l'ordre donné dans la marine impériale de n'occuper
aucun ouvrier âgé de plus de quarante ans, ce fait, dont je
n'ai pas d'ailleurs contrôlé l'exactitude, prouve tout au
plus que l'État est capable dans certains cas de se montrer exploiteur aussi bien que les entrepreneurs particuliers et d'oublier les devoirs d'humanité qu'il devrait
observer. C'est ce que prouvent encore les récents événements du plateau de Glatz. Bebel ne niera pas du moins
que la main-mise de l'État sur les administrations telles
que celles des postes, des télégraphes, des chemins de
fer et autres semblables ne doive être regardée comme un
acheminement vers la transformation de tous les moyens
de production en propriété socialisée. Il faut donc reconnaître que peu à peu, grâce à ce régime de concentration
des fonctions sociales entre les mains de l'État, tel qu'il a
été pratiqué dans les vingt dernières années, grâce aussi
au mouvement des syndicats industriels (*Kartell-bewegung*)
qui l'a préparé et qui a réagi contre l'atomisme social de
l'individualisme, nous nous sommes rapprochés de plus
en plus des idées et des doctrines socialistes. Personne
n'est plus scandalisé aujourd'hui par le projet qui consiste
à confier à l'État le soin de trouver un remède à la situation sociale, bien que ce projet soit peut-être prématuré,
qu'il repose sur des espérances exagérées et artificielles
et qu'il doive dans tous les cas créer un grave précédent.
Personne, en effet, n'est capable de dire où sont, dans une
telle entreprise, les limites de ce qui est possible, légitime
et avantageux et encore moins de prévoir quelles sont les
limites auxquelles on s'arrêtera en fait. Peut-être la question du monopole agraire sera-t-elle dans un avenir peu
éloigné celle à propos de laquelle le socialisme aura pour
la première fois à faire ses preuves. Ce premier essai mon-
trerait déjà combien est puissante l'influence de l'habitude,
combien sont compliqués et multiples les rapports dont il faut
tenir compte et combien énormes les difficultés à vaincre.

Il est toutefois un point qui ressort de ce que nous avons
dit. C'est que notre conception de l'Etat et de ses fonctions
est aujourd'hui complètement différente de celle que soutenait Guillaume de Humboldt dans son ouvrage déjà cité[1] :
Les limites de l'action de l'Etat. La thèse qu'il défend
et qui consiste à dire que l'Etat doit s'abstenir de toute intervention ayant pour objet le bien-être positif des citoyens
nous semble aujourd'hui une énormité. Il n'existe pas de
formule générale qui détermine exactement les limites de
l'intervention légitime de l'Etat[2]. Nous dirons seulement
que cette limite doit rester à égale distance du trop et du
trop peu : dans les cas particuliers la fixation de cette
limite dépendra essentiellement des considérations d'intérêt général, des besoins et des sentiments, des opinions
et des habitudes. — Pour le moment, en ce qui concerne
la réglementation des intérêts matériels, nous sommes disposés à réclamer énergiquement et toujours davantage l'intervention de l'Etat ; au contraire, les intérêts intellectuels,
par exemple ceux de l'éducation et du haut enseignement[3],

(1) Voyez plus haut, ch. i.

(2) Paulsen établit une formule de ce genre dans son système
d'éthique, p. 847 et suiv. « L'intervention de l'Etat, dit-il, est
d'autant plus nécessaire que la sphère d'activité dont il s'agit a
une action plus immédiate sur la vie de l'ensemble et que l'accomplissement de cette fonction indispensable est moins assurée par
l'initiative privée. Cette intervention aura lieu d'autant plus aisément qu'il s'agira d'une sphère d'activité plus générale et plus
impersonnelle, passible d'un contrôle et soumise à la contrainte
légale. Par contre, plus une sphère d'activité est individuelle et
personnelle, plus elle échappe à la contrainte et au contrôle, plus
elle doit être soustraite à l'intervention et à la réglementation de
l'Etat » (Paulsen.) J'ai déjà en un autre endroit (*Philosophische
Monatshefte*, 1890, p. 432) fait ressortir l'indécision de cette formule en demandant si, d'après elle, le cas d'ivresse doit donner
lieu, oui ou non, à une action de la collectivité contre l'individu.
La formule de Paulsen peut être invoquée aussi bien en faveur de
l'affirmative qu'en faveur de la négative.

(3) V., sur cette question, l'intéressant écrit de Paul Cauer : *Etat*

réclament plus de liberté que l'Etat ne nous en a laissé depuis quelque temps. Voilà ce qui nous paraît juste aujourd'hui, bien que d'un côté le projet d'étendre les pouvoirs de l'Etat dans le premier ordre d'idées provoque encore une forte opposition, et, que d'un autre côté l'Etat ne se montre pas disposé à se résigner à un amoindrissement de ses prérogatives dans les questions qui touchent aux intérêts intellectuels. Ajoutons que l'esprit de domination dont nous savons l'Eglise animée nous commande la plus grande prudence, pour que les événements qui ont eu lieu en Belgique ne se produisent pas dans les régions catholiques de l'Allemagne.

Si le socialisme, même poussé à l'extrème, ne nie pas l'Etat en tant qu'Etat [1], il en est tout autrement si l'on demande quel sera son attitude vis-à-vis des Etats nationaux actuels. Il s'agit ici de savoir : 1° quelles seront les limites du futur Etat socialiste et 2° quelle sera la constitution qu'il se donnera.

Pour commencer par le premier point, il semble bien tout d'abord que les différents Etats pourraient se socialiser sans perdre pour cela leur nationalité. Bellamy parle de constituer un grand nombre de républiques industrielles ; il n'y a que dans l'Amérique du Nord qu'il veut réunir les différents Etats en un seul Etat industriel et faire disparaître comme superflues les distinctions d'Etat; Hertzka [2] déclare expressément qu'on ne peut admettre que l'évolution sociale

---

et Education. Réflexions politico-scolaires (1890). Dans cet écrit l'auteur nous ramène en arrière, jusqu'aux doctrines de Guillaume de Humboldt. Cauer, qui a peut-être toujours vécu dans un milieu protestant, semble ne pas soupçonner quel est l'héritier qui, en cas d'abdication de l'Etat, guette la domination de l'école.

(1) Bellamy, *Cent ans après*, et Th. Hertzka, *die Gesetze der Sozialen Entwicklung*, p. 267.

Voyez aussi Th. Ziegler. *Vie Fragen der Schulreform* (1891).

(2) Cette thèse a été pourtant depuis soutenue par Bebel au Reichstag. (Voyez le discours de Bebel, édité par le *Vorwærts : Kunfstaat und Sozial democratien. (N. d. T.)*

ait une marche parfaitement égale dans tout l'univers ni même seulement dans tous les États civilisés de l'Occident ; mais qu'à côté d'États où le principe de la Justice économique aura complètement triomphé et où le progrès social sera arrivé à son terme, il se trouvera d'autres États où cette évolution ne sera encore qu'ébauchée ou même ne sera pas commencée.

Mais ce n'est pas sans de grandes difficultés qu'on se représente un État socialiste entouré d'États organisés d'après le système individualiste. L'État socialiste rejette l'argent en principe et cependant il en aura besoin pour ses relations extérieures. Il se trouvera ainsi dès le début dans la même situation que Sparte avec sa monnaie de fer. De plus, alors que l'État socialiste est essentiellement libre-échangiste, il sera forcé pourtant de fermer ses frontières aux habitants des pays limitrophes pour empêcher que son système de répartition et de contrôle ne soit troublé à chaque instant par l'importation et l'exportation ainsi que par l'immigration des ouvriers étrangers [1].

A cette difficulté s'en ajoute une autre. Je veux parler de l'antipathie universelle des socialistes pour nos armées permanentes et improductives. On ne peut concevoir qu'un État socialiste prétende se maintenir sans armée ou tout au moins sans milices au milieu d'un monde hérissé d'armes tel que notre monde européen. Aussi Bellamy avait-il tout avantage à placer son utopie en Amérique. L'Angleterre pourrait aussi, grâce à sa situation insulaire, se regarder comme à l'abri de tout danger ; peut-être même nos petits États européens échapperaient-ils au péril, protégés qu'ils sont par la rivalité des grands États. Mais nous ?... — Aussi Hertzka reconnaît-il que « l'État socialiste ne pourra se passer des forces militaires, s'il ne veut pas devenir la proie facile d'un voisin déprédateur qui, bien qu'inférieur

_____

(1) Les explications d'Hertzka (p. 204 et suiv.) n'ont pu me convaincre de la non-existence de cette difficulté.

à lui sous tous les autres rapports, lui serait néanmoins supérieur au point de vue militaire ». Il nous menace· même de l'invasion « des peuplades demi-sauvages de l'Asie centrale dont les hordes innombrables se rueraient probablement sur les États européens dans le cas où ces derniers, par suite de l'émancipation sociale, perdraient leur valeur guerrière à mesure que s'accroîtrait leur richesse ». Il exprime, il est vrai, l'espoir que « même dans une lutte guerrière l'Etat déprédateur, attendu que les citoyens libres, intelligents, harmonieusement développés qui composent la société de type industriel trouveraient devant eux les prolétaires affamés et épuisés au physique et au moral qui composent la société de type guerrier ». Espoir bien chimérique, il faut le reconnaître, et même assez choquant pour nous. Notre armée allemande n'est pourtant pas un « ramassis de prolétaires et de vagabonds épuisés » et il suffit de jeter un coup d'œil sur les troupes suisses pour voir ce que valent par contre des milices bourgeoises même formées par la gymnastique. On peut sourire de la distinction faite par Herbert-Spencer [1] entre le type social guerrier et le type industriel ; mais on nous persuadera difficilement que même à la guerre le second doive se montrer inférieur au premier.

Il ne resterait donc qu'une solution possible. Ce serait la suppression de tous les Etats nationaux au profit de l'Internationalisme. Le programme de Gotha ne proclame-t-il pas « le caractère internationaliste du mouvement ouvrier et le cri de guerre « Prolétaires de tous les pays, unissez-vous » — ne se fait-il pas entendre chaque jour avec plus de force ? [2] Hertzka prédit « une propagande triomphale, par le fer et par le feu, de la révolution socialiste dans le

(1) Herbert Spencer. *Les Principes de sociologie*, t. III.

(2) La question du caractère internationaliste du socialisme a été traitée spécialement par L. Winterer. *Le Socialisme International de 1885 à 1890.*

cas où les États militaires prétendraient enrayer l'évolution
sociale ». Bebel lui aussi s'attend « à une explosion qui par-
courra comme un éclair le monde civilisé, qui réveillera
partout les cœurs et les appellera à la lutte ». Alors la
lutte dernière, la lutte sociale s'allumera et la nouvelle
société s'élèvera sur une base internationale. Les nations
deviendront sœurs, se tendront les bras et s'efforceront
de propager progressivement le nouvel état de choses chez
tous les peuples de la terre. Les sauvages que l'on n'ira
plus trouver avec de la poudre et du plomb ni avec de
l'eau-de-vie ou avec la Bible ne regarderont plus les mes-
sagers de la civilisation comme des ennemis, mais comme
des bienfaiteurs. Alors sera venu le moment où « les tem-
pêtes de la guerre se tairont pour toujours ».

Cette utopie est décidément un des points les plus faibles
du socialisme. Ce n'est pas que je sois enthousiaste du
militarisme. Bien que j'apprécie la valeur de la discipline
militaire comme moyen de développer les caractères, je
suis disposé, aujourd'hui peut-être plus qu'autrefois, à voir
le revers de la médaille et à reconnaitre que le verbe
haut et le ton tranchant des militaires ne vont pas toujours de pair avec la meilleure éducation. Je sais moi aussi
m'enchanter de l'espérance de cette paix perpétuelle
rêvée par Kant, pour qui la réalisation de cette espérance
devait être une conséquence du développement de l'esprit
commercial parmi les peuples et devait s'effectuer par
suite dans la société industrielle de Spencer. Mais je n'ai
pas ici à approuver ou à désapprouver le régime qui règne
aujourd'hui et qui aurait peut-être besoin d'être réformé
sur certains points, je n'ai pas non plus à appeler de mes
vœux ou à essayer de prévoir un état social que nous
réserve un avenir assurément encore très lointain. Ce que
j'ai à dire, c'est que, suivant moi, nous ferions une perte
incalculable le jour où s'évanouiraient dans le cosmopolitisme tous les facteurs idéaux que représente pour nous le
mot « patrie ». Je ne crois pas que l'État socialiste en tant

que tel doive nécessairement entraîner la ruine de toute
individualité; mais je redoute ce danger de la part de l'Etat
cosmopolite rêvé par l'union universelle des travailleurs.
Et quand on va jusqu'à vouloir substituer aux langues
nationales une langue universelle, je suis trop pénétré de
la nécessité et de la haute valeur d'une littérature et d'un
art national pour ne pas voir dans cette promesse d'uni-
formité la mort de toute culture élevée, l'appauvrissement
et la destruction de toute vie intellectuelle et morale, en
un mot le retour à la barbarie.

Il est bon de substituer à l'idéal de la patrie un idéal
plus élevé et meilleur, celui de l'humanité. Toutefois je
trouve que les liens les plus larges ne sont pas les plus
solides. J'ai le cosmopolitisme en grand honneur; mais ce
n'est pas lui qui nous inspirera l'amour le plus ardent de
l'humanité. Etre humain, ce n'est pas aimer le monde entier, mais aimer *son prochain* comme soi-même. — Je sais
aussi que le chauvinisme, cette contrefaçon du patriotisme
n'est pas moins à craindre que le cosmopolitisme. Exposés
à l'influence d'une certaine façon chauvine et emphatique
d'écrire l'histoire, nous courons le risque de renier nos
meilleures qualités, la tolérance, la largeur d'esprit, en un
mot ces nobles qualités qui constituent l'idéalisme allemand. C'est là, pour le moment, un péril encore plus pres-
sant et plus grave que celui dont nous menace le cosmopolitisme.

La question de savoir quelle sera la forme et la constitution de l'Etat socialiste est plus difficile à résoudre que la
précédente, bien qu'elle soit moins importante et moins
essentielle. La constitution n'est pas en effet chose éternelle et nécessaire au même titre que la nation ou patrie.
Nous voyons que la démocratie socialiste, de nos jours,
n'est pas moins hostile aux états républicains qu'aux états
monarchiques, et elle le sera, d'accord en cela avec ses
principes, tant que nos états modernes maintiendront la
propriété privée et regarderont la protection de cette pro-

priété comme un de leurs principaux devoirs. Mais après, quelle attitude prendra-t-elle ?

On ne peut se refuser à reconnaître dans le mouvement ouvrier actuel des tendances dissolvantes vis-à-vis de l'Etat. J'ai déjà dit qu'on ne saurait prévoir quels effets produirait dans le solide édifice de notre monarchie allemande une vaste organisation d'unions de métiers (gewerkvereine) [1], analogues aux Trades Unions anglaises. Ces masses ouvrières, en s'agglomérant, pourraient facilement former un état dans l'état, soit qu'elles s'attachent à faire triompher au moyen du suffrage universel leurs intérêts particuliers de classe, soit qu'elles entrent en antagonisme direct avec les organes de l'Etat et provoquent finalement des conflits qui deviendraient des plus dangereux pour la paix intérieure et le maintien de l'édifice gouvernemental. Car je ne sais si la discipline qui règne dans ces associations serait efficace pour empêcher les désordres et l'on sait assez que par suite du caractère international du mouvement ouvrier les idées de patriotisme et de soumission à l'Etat ont été fortement ébranlées dans nos populations travailleuses. Aussi se demande-t-on si l'on réussira à endiguer l'indiscipline des masses et à leur inspirer de nouveau des sentiments de respect et d'attachement pour l'Etat et la patrie. L'empire allemand, se rendant compte du mal et de la nécessité d'un remède a promulgué la loi sur les socialistes et a pris l'initiative d'une législation réformatrice. La première de ces mesures a paru dangereuse, dès le premier jour, étant une loi d'exception; en tout cas, elle n'a pas donné ce qu'on attendait d'elle. Quant aux réformes légales, on ne peut pas se rendre encore compte entièrement de leurs effets. J'ai déjà eu l'occasion

(1) Depuis lors, le mouvement des Gewerkvereine n'a fait en Allemagne que de lents progrès, parce que d'une part il est enrayé autant que possible par les classes dirigeantes, et que d'autre part il est suspect à la démocratie sociale en ce sens qu'il crée une sorte d'aristocratie dans le monde du travail. (*N. d. T.*)

d'exprimer certains doutes au sujet de cette forme d'assistance gouvernementale, et d'autre part nous voyons que les assurances et les caisses de retraite pour la vieillesse ainsi organisées sont regardées par le plus grand nombre plutôt comme une charge nouvelle que comme un secours.

Il faut donc trouver de nouveaux moyens de combattre cet esprit d'indiscipline et ces sentiments antipatriotiques et antisociaux qui se font jour dans les masses. Et je crois que le principal doit être l'éducation morale qui amènera les hommes à se discipliner eux-mêmes et qui développera en eux l'esprit social, lequel doit s'exercer tout d'abord vis-à-vis de nos compatriotes.

Au reste, on ne peut méconnaître qu'au fond du socialisme il y a une tendance marquée vers le républicanisme, dernièrement encore un des chefs de la démocratie socialiste se proclamait républicain en plein Reichstag. D'un autre côté, certains socialistes conservateurs comptent sur une monarchie forte pour faire triompher leur programme. Rodbertus a désigné spécialement les Hohenzollern pour remplir ce rôle. Suivant Carlyle, les patrons de l'avenir ne seront plus que les officiers de l'armée industrielle. On peut, conformément à cette idée, se représenter à la tête de l'État socialiste une sorte de général industriel qui au lieu d'être un chef guerrier, serait un roi du type industriel. Je ne saurais dire comment le principe de l'hérédité et les privilèges inhérents à la fonction de monarque pourraient se concilier avec les idées d'égalité qui inspirent les doctrines de la démocratie socialiste. Mais on sait à quel point l'histoire est inconséquente ; aussi ne doit-on pas de prime abord déclarer impossible une conciliation de ces deux principes incompatibles en apparence.

En tout cas, un prince généreux pourrait jouer ce rôle de roi des ouvriers et de souverain socialiste. Il se mettrait à la tête du mouvement pour le maintenir dans la voie des réformes et lui imposer des limites quand il le jugerait à propos. Il pourrait même, le cas échéant, l'étendre au delà des frontières au moyen d'accords internationaux. Le danger serait pour lui de se trouver dans la même situation que cet élève du magicien qui, épouvanté, appelait son maître à son secours : « Maître, à moi ! Je ne puis plus me débarrasser des esprits que j'ai évoqués ! »

Vis-à-vis de l'Eglise, l'attitude du socialisme et de la démocratie socialiste est beaucoup plus nette que vis-à-vis de l'Etat. J'ai déjà montré comment les églises ont peu à peu et en partie par leur faute perdu leur influence sur les populations ouvrières. Cependant, en principe, il n'y a pas d'incompatibilité entre la démocratie et le christianisme. Au contraire le christianisme a eu dès l'origine une teinte socialiste, comme le prouvent les idées communistes de la secte des Esséniens. Les enseignements dans lesquels Jésus recommandait à ses disciples le détachement à l'égard des biens terrestres [1] ont pu être interprétés dans un sens socialiste et ils avaient sans doute cette signification dans la pensée de leur auteur. En tout cas, ils ont été compris dans ce sens par la majorité des chrétiens qui ont regardé la pauvreté comme une vertu et ont anathématisé les riches comme pécheurs et comme ennemis naturels des âmes pieuses. Le christianisme s'est donc préoccupé dès l'origine de la question sociale et a été longtemps la religion des petits et des humbles avant de devenir celle des puissants et des riches. Pendant tout le moyen âge, la tendance qui entraînait l'Église vers le siècle fut combattue par des sectes qui restaient fidèles à l'ancien programme des premiers chrétiens et s'efforçaient de faire triompher les idées socialistes et communistes. Et lorsque la réforme voulut ramener le christianisme à ses sources

---

(1) En ce qui concerne le caractère socialiste du christianisme primitif, on trouve la vérité historique habilement dépouillée de la légende dans un mémoire de H. Holtzmann inséré dans les *Strassburger Abhandlungen zur Philosophie* (1884) : *Die Gütergemeinschaft der Apostelgeschichte.*

primitives, les paysans asservis espérèrent que l'esprit de
liberté qui se faisait jour leur apporterait non seulement
des réformes politiques, mais surtout des réformes sociales.
Ce mouvement aboutit au communisme de Thomas Münzer
et aux scènes de désordre dont la ville de Münster fut le
théâtre.

Ces quelques souvenirs historiques cités en passant nous
expliquent comment il se fait que de nos jours, dans cette
Angleterre qui a conservé à un si haut degré le respect
des choses religieuses, des fidèles et même des ecclésiastiques prennent part au mouvement socialiste et
se déclarent hautement démocrates socialistes. Ce socialisme chrétien qui déploie son activité dans les classes
sociales les plus misérables réclame énergiquement,
d'accord en cela avec notre démocratie socialiste, l'intervention de l'Etat. Et personne ne regarde ces idées comme
antichrétiennes ni ne songe à en faire un reproche à ceux
qui les défendent[1].

Chez nous, à de rares exceptions près, aucun mouvement de ce genre ne s'est encore produit jusqu'en ces derniers temps. Au contraire les deux Eglises se sont efforcées,
chacune à sa façon, de répudier toute attache avec le
parti socialiste démocratique. Et c'est en particulier la
tactique que les catholiques ont suivie avec succès lors des
dernières élections. Mais je crois qu'à ce point de vue la
situation est en voie de se modifier. Le congrès socialiste
de Halle s'est déclaré résolu à engager la lutte contre le
centre à propos de certaines questions ; et plusieurs indices,
notamment les incidents qui se sont produits dans les char-
bonnages des provinces rhénanes et de Westphalie, permettent de prévoir que cette lutte ne sera pas vaine. D'autre part, sur les bancs du centre à côté des propriétaires
terriens et de députés hautement conservateurs, on trouve

(1) Schulze- *Gavernitz*, op. cit., p. 285 et suiv., et Brentano, *Die
christlich-soziale Bewegung in England*, 2° éd., 1883.

des prêtres catholiques qui vont très loin au-devant des revendications de la démocratie socialiste et qui doivent précisément à cette attitude l'influence dont ils disposent dans leurs districts électoraux.

De son côté, l'union évangélique a engagé ouvertement la lutte contre la démocratie socialiste, mais en même temps le congrès social évangélique crie aux membres du clergé : Ayez plus de cœur pour le peuple et il exhorte les pasteurs d'âmes à ne point oublier ce devoir.

Il y a donc dans les deux Eglises deux courants parallèles et opposés : l'un qui se montre résolument hostile à la démocratie sociale ; l'autre qui se rapproche d'elle de plus en plus et qui a conscience de la communauté d'aspirations qui existe entre le christianisme et le socialisme. La seconde de ces tendances est encore hésitante et indécise ; la première ne garde aucun ménagement dans la lutte et prend à l'égard du socialisme l'attitude de Saint-Georges domptant le dragon. Ces dispositions hostiles beaucoup plus répandues que la tendance inverse se révèlent encore avec une entière netteté dans l'attitude résolument anticléricale des masses socialistes démocratiques, attitude que les chefs du parti ne perdent pas une occasion d'accentuer et de mettre en relief. — Je crains que cette lutte ne devienne à la longue fatale aux deux Eglises. Elles laisseront voir leur impuissance et leurs résistances ne feront que hâter leur dissolution. Abandonnées et traitées en ennemies par les masses socialistes, elles seront reniées par les classes dirigeantes, du jour où celles-ci s'apercevront que la religion a perdu son influence et son efficacité sur le terrain social. Tel sera leur sort. Leur existence, et celle du christianisme lui-même, sera alors mise en question.

S'il m'est permis d'exprimer un avis sur une question dans laquelle je crois en tout cas apporter une entière liberté d'esprit, il n'y a en cette occurrence qu'une tactique habile et sage à recommander à l'Eglise. Liebknecht a déclaré à Halle que *la lutte acharnée contre l'Eglise n'est pas la véritable voie du socialisme*. Il faudrait que l'Eglise acceptât cette déclaration, ainsi que l'article officiel du programme socialiste « la religion est l'affaire de chacun » et qu'elle posât en principe, comme réponse à cet article, que l'attitude du chrétien vis-à-vis de la démocratie socialiste doit être laissée à la conscience d'un chacun, rien de plus absurde que la conduite de ces sociétés d'anciens soldats (Kriegervereine) qui, semblables aux mauvais professeurs qui mettent à la porte de la classe les élèves inattentifs, prétendent excommunier les socialistes démocrates et les exclure de toute participation aux idées d'ordre et de patriotisme qu'elles font profession de cultiver. En tout cas, l'Eglise n'a aucun droit et aucune raison pour agir ainsi. Elle affermirait mieux son influence sur les esprits et sur les cœurs en gardant la neutralité, en s'abstenant de toute hostilité et en se bornant à chercher sans relâche le bien de tous. Elle travaillerait mieux ainsi à la pacification sociale qu'en poussant des cris de guerre et des appels au combat.

Elle répondra peut-être : on est venu nous attaquer et nous sommes dans le cas de légitime défense. D'ailleurs nous ne combattons la démocratie socialiste que pour travailler nous aussi de notre côté à la réforme sociale. — Mais qu'elle prenne garde ici de glisser sur la pente et de tomber finalement en plein socialisme. Car c'est un fait caractéristique que de toutes parts on commence par faire au socialisme une opposition intransigeante, et que l'on finit toujours par capituler.

Quoi qu'il en soit, on ne doit plus d'aucun côté se faire d'illusion sur l'influence qu'une religion de l'au-delà peut avoir sur nos populations ouvrières. Chez la plupart d'entre nous, gens cultivés, la croyance à cet au-delà est morte. Si donc nous ne voulons pas nous rendre coupables de la pire des hypocrisies, nous n'avons aucun droit de l'entretenir dans les esprits peu éclairés. Toutefois, bien que

nous sachions à n'en pas douter que cette terre est la seule
mère de nos joies et que nous n'aurons pas d'autres dou-
leurs que celles qu'éclaire ce soleil, il nous reste trois
choses : La Foi, la foi en l'Idéal. — L'Amour, l'amour de
notre prochain. — L'Espérance, l'espérance du triomphe
du Bien. — Mais de ces trois forces, la plus puissante est
l'amour. Maintenant, que l'on donne à ces vertus le nom
de vertus chrétiennes ou de vertus morales, cela importe
peu.

Nous sommes amenés à parler ici d'une question qui est
étroitement liée aux problèmes sociaux du temps présent
et qui a parfois la prétention d'être une solution du problème social : Je veux parler de l'antisémitisme. L'antisémitisme a une triple origine. D'abord une origine religieuse, il est alors l'effet de l'intolérance chrétienne et
comme tel ne saurait être assez détesté ; puis une origine
nationale ; les Juifs en effet maintiennent avec une téna-
cité invincible leurs particularités de race que les chrétiens n'ont fait que fortifier pendant des siècles en relé-
guant les Juifs dans leurs ghettos. Il n'y a que peu
d'années qu'ils sont devenus nos égaux et que le mariage
entre chrétiens et juifs est devenu possible. Aujourd'hui
nous nous plaignons que cette race que nous avons artificiellement et volontairement isolée pendant des siècles ne
se soit pas transformée en quelques années. Et nous voulons mettre entre elle et nous de nouvelles barrières,
alors que nous nous scandalisons de celles que le passé a
élevées. — En troisième lieu l'antisémitisme a une racine
sociale et c'est là assurément qu'est la grande source de
sa vitalité. Au moyen âge les corporations et les corps de
métiers étaient fermés aux Juifs qui ne pouvaient ainsi
exercer aucune profession manuelle ; la propriété leur
étant interdite et par suite aussi l'agriculture. Il n'y avait
pour eux ni emplois ni dignités ; l'accès de l'armée leur
était fermé. Il ne leur restait que le commerce. L'Eglise
ayant par suite d'un préjugé absurde déclaré coupable la

perception de l'intérêt de l'argent, et l'ayant interdite aux chrétiens, il restait encore aux Juifs le prêt et l'usure. Ils sont donc devenus une race commerçante, et l'esprit mercantile s'est toujours développé parmi eux. Ils se sont enrichis et comme, à cause de leurs richesses, on les tourmentait et persécutait indignement, ils sont eux aussi devenus durs et inhumains. Ils ont prêté à intérêt et ont ainsi attiré de plus en plus sur eux les malédictions de l'Église. De plus, beaucoup d'entre eux ont pratiqué l'usure et se sont rendus justement odieux. En cela comme dans toutes les choses humaines, la fatalité et les fautes commises par les hommes ont leur part; mais c'est sur nous, chrétiens, que retombe la plus lourde responsabilité. — Aujourd'hui l'antisémitisme généralise les torts dont se sont rendus coupables les Juifs; il y ajoute non seulement ceux qui sont imputables aux chrétiens, mais ceux qui sont imputables au destin et il finit par rendre les Juifs responsables même de l'usure pratiquée par les chrétiens. Il appelle à son aide les plus détestables passions : l'envie et la cupidité, la vengeance et la brutalité, la haine et la cruauté. Je sais tout cela depuis longtemps ; aussi me suis-je dès le début détourné du mouvement antisémite. Mais depuis que, en ma qualité de membre de la société contre la propagation de l'antisémitisme, je reçois toutes sortes d'imprimés et de communications susceptibles de m'éclairer sur la question, je vois de plus en plus que le parti antisémite ne recule devant aucun moyen, pas même les plus odieux, et qu'il ne cesse de pousser à la persécution.

En ce qui concerne le mouvement socialiste, l'antisémitisme a eu pour effet de remuer profondément le terrain social chez certaines populations, par exemple dans la Hesse supérieure et d'y déposer les semences du socialisme. Il rend en outre au parti socialiste démocratique le service de le débarrasser de ces éléments pervers qui constituent la lie de tous les grands mouvements sociaux, on attirant à lui tous ceux qui ne sont guidés que par des instincts pratiques et pour lesquels l'esprit et l'idéal du socialisme resteront à jamais lettre morte. Les antisémites et les anarchistes forment ainsi en quelque sorte l'aile droite et l'aile gauche du parti socialiste démocratique. Et ce voisinage rehausse la démocratie socialiste et lui permet par contraste de faire bonne figure.

Bien qu'il soit permis de condamner les procédés d'une certaine presse juive et de regretter l'influence funeste exercée par certains représentants juifs de la littérature et de la science, on a peine à comprendre que des gens instruits et que même une partie de la jeunesse de nos académies se soient laissé abuser par un vain préjugé national ou aient été amenés par des antipathies personnelles à se faire les adeptes de cette scandaleuse agitation antisémitique. C'est une honte pour nous, Allemands ; et je ne trouve nullement enviable la gloire de l'historien [1] (Treitschke) qui s'est fait l'interprète de ces aveugles passions populaires et doit se résigner aujourd'hui au triste honneur d'être compté parmi les initiateurs et les héros du parti antisémiste.

(1) On sait que H.-V. Treitschke, qui en toute occasion exprime ses sentiments antisémitiques dans son histoire de l'Allemagne au XIXᵉ siècle a fait pour ainsi dire la théorie et présenté l'apologie de l'Antisémitisme dans une série d'articles parus dans les *Preussische Jahrbücher*. Il a été jusqu'à reprocher à l'empereur Frédéric d'avoir cru « qu'il pourrait par quelques paroles de blâme mettre fin à l'agitation antisémite qui a sa source dans les prétentions intolérables de la race juive ». Il veut voir en ce fait la preuve que « le Kronprinz ne comprenait et ne partageait pas les puissantes aspirations de son époque et qu'il n'était plus capable de suivre les idées de son Temps ». *Ibid.*, t. LXII, 1888, p. 84.

CHAPITRE V

LA FAMILLE ET LA FEMME. LA QUESTION DES FEMMES

A côté de la patrie et de l'État, de l'Église et de la religion, la famille apparaît comme un des fondements essentiels de la société humaine. Quelle attitude le socialisme prendra-t-il vis-à-vis d'elle ? Quel rôle réserve-t-il à la famille, à la femme et à l'enfant dans ses plans d'organisation sociale ? En d'autres termes, la démocratie socialiste se propose-t-elle d'abolir mariage, famille et vie de famille pour les remplacer par l'amour libre et par la communauté des femmes et des enfants ?

Ces tendances existent, on ne peut le nier, au moins à l'état isolé dans le socialisme. Cette mauvaise herbe toujours renaissante ne pouvait manquer de germer une fois de plus au sein d'un mouvement si vaste et si complexe, d'autant plus que ce mouvement procède d'une connaissance fausse et incomplète de la nature et de la vie humaines. Il est aisé de comprendre que certains cerveaux s'enflamment encore aujourd'hui pour la communauté des femmes et des enfants, après qu'un Platon est tombé dans cette utopie, payant ainsi son tribut à la faiblesse inséparable de l'intelligence humaine. Nous trouverions l'exposé d'égarements analogues, soit en théorie soit en pratique, dans l'histoire des sectes du christianisme, depuis les excès de certains gnostiques jusqu'aux orgies polygames des anabaptistes de Münster et jusqu'aux scandales isolés dont on rencontre des exemples dans tant de confréries religieuses qui ont commencé par le mysticisme pour finir par la débauche.

Toutefois, personne n'osera affirmer que d'une manière générale nos socialistes se montrent partisans de l'amour libre et de la communauté des femmes. Quand Bebel [1], dont les déclarations ne sont pas ici bien claires ni bien cohérentes, affirme qu'avec la propriété individuelle et le droit d'héritage disparaîtra « le mariage civil légal », nous devons prendre garde de mal interpréter cette idée et d'en tirer des conclusions injustes. — Bellamy nous dépeint ou du moins essaie de le faire — car sur ce point il est bien pauvre d'invention et nous présente un idéal bien ennuyeux

---

(1) Bebel. *La Femme*, p. 340 et suiv. — Lorsqu'il déclare (p. 338) que la « satisfaction de l'instinct sexuel est un acte absolument libre pour l'individu, au même titre que la satisfaction de tout autre instinct naturel », lorsqu'il revendique pour l'individu le droit de rompre une union mal assortie et qu'il s'élève contre cette idée que les « grandes âmes » seules ont le droit de suivre les inclinations de leur cœur, Bebel n'en arrive-t-il pas à des conséquences qui contredisent les autres tendances de son livre ? Celui-ci en effet a pour objet de prouver que notre organisation actuelle est cause du relâchement des liens de famille et que cette dernière ne pourrait que gagner en solidité grâce à une amélioration de nos conditions sociales. Bebel a été égaré ici par cette erreur de la démocratie socialiste qui consiste à croire que l'égalité absolue est le premier et le dernier mot de la sagesse et du bonheur. Partant de là, il veut revendiquer pour tous un droit, que les « grandes âmes » se sont attribué à tort. Mais ne serait-il pas plus juste de déclarer l'immoralité immorale pour les « grandes âmes », comme pour ceux qui ne sont pas de « grandes âmes » ? — Ce n'est pas tout, Bebel semble ignorer que la moralité implique un facteur individuel inconciliable avec les idées d'égalité absolue professées par les démocrates socialistes. La vraie morale doit chercher sa voie entre la fausse morale aristocratique préconisée par Fr. Nietzsche et accueillie par quelques-uns comme une nouveauté, bien qu'elle se trouve déjà dans le *Gorgias* de Platon, et la morale débraillée de la démocratie socialiste, qui, avec une grossièreté insupportable et un cynisme brutal méconnaît ce qu'il y a de délicat et de supérieur dans une belle individualité morale.

— Bellamy, dis-je, nous décrit dans son livre les charmes et la supériorité du mariage et de la vie de famille tels que nous les promet la future organisation socialiste. Hertzka croit de même que, dans la société nouvelle, le mariage gagnera en sainteté, en tendresse et en solidité, que « l'esprit volage de l'homme qui n'est que le produit d'un état social transitoire » disparaîtra de lui-même ou qu'en tout cas il trouvera « dans les conditions sociales nouvelles moins d'occasions de se satisfaire [1] ».

Mais quittons toute utopie et restons sur le terrain de notre société actuelle. Nous avons vu que le motif le plus puissant qui détermine le mouvement en faveur de la journée de huit heures, c'est le désir des classes inférieures d'obtenir une petite place à la table si abondamment servie de notre civilisation et de profiter de la vie plus qu'elles ne l'ont fait jusqu'ici. Sur ce point où il s'agit essentiellement de savoir quelle est la meilleure façon de jouir de la vie et quelle est la meilleure éducation à donner au peuple pour qu'il arrive à un genre de vie plus élevé et plus pur, il est hors de doute que le rôle principal doit revenir à la famille et à la vie de famille. Personne ne niera, d'autre part, qu'une augmentation de salaire et une diminution de travail, une meilleure instruction et une meilleure éducation morale, que des habitations meilleures et plus salubres, bref, que toutes les réformes réclamées et promises en ce sens par les socialistes ne doivent contribuer à améliorer les conditions de la vie de famille. — Mais, ici encore, c'est toujours la même question qui se pose. C'est en vain que l'on modifiera les conditions sociales extérieures si on n'éveille pas en même temps dans le monde des travailleurs l'esprit de famille et les sentiments qui s'y rattachent.

Or, quelle est, à ce point de vue, notre situation véri-

_____

(1) Hertzka, *Die Gesetze der sozialen Entwicklung*, p. 270.

table? — Sidney Whitman [1] a fait de la situation des
familles ouvrières en Allemagne un portrait fort idéalisé,
quand, jetant un coup d'œil à vol d'oiseau sur l'Allemagne,
il voit le dimanche sur toutes nos lignes de chemin de fer
nos ouvriers se rendre à la campagne avec femmes et
enfants pour y jouir de la nature, pour faire un repas fru-
gal et sain et boire de bonne bière sans tomber dans l'ivresse
et la brutalité; ou encore quand, à la fête de Noël, il voit
dans toutes les maisons allemandes, jusque dans les habitations ouvrières les plus modestes, un arbre de Noël autour
duquel ont lieu les congratulations cordiales et les échanges
de cadeaux entre les membres et les amis de la famille. Il
est flatteur pour notre amour-propre national de voir les
beaux côtés de nos mœurs allemandes reconnus de cette
façon par un étranger. Mais je crains que Sidney Whitman n'ait dépeint que d'heureuses exceptions et qu'il ait
mis en lumière les beaux côtés de notre vie populaire plutôt que cette vie elle-même.

En réponse à cette peinture trop idéale et trop optimiste
je pourrai, sans tomber dans le pessimisme et d'accord en
cela avec beaucoup de bons observateurs, dire que les
choses ne peuvent guère être pires qu'elles ne sont ou du
moins qu'elles n'ont été jusqu'en ces derniers temps dans
nos familles d'ouvriers.

Comment cela s'est-il fait? Ici le régime individualiste
avec son système d'égoïsme à outrance a eu une action
particulièrement funeste. L'homme qui gagnait juste
assez pour lui a été obligé, pour entretenir femme et
enfants, de les envoyer aussi à la fabrique. La conséquence
directe a été un nouvel abaissement du niveau des salaires
et un relâchement de la vie de famille. Certains travaux de
fabrique peuvent être aussi bien faits par des femmes et
des enfants que par des hommes. Les femmes et les
enfants étant à meilleur compte, le fabricant les prit de

---

(1) Sidney Whitman, *Der deutsche und der englische Arbeiter*, p. 18.

préférence. De plus, la dextérité de la femme, son adresse, son goût, sa docilité et son application au travail, sa résistance moins grande que celle de l'homme aux exigences croissantes des patrons amenèrent ces derniers à regarder le travail des femmes comme plus avantageux que celui des hommes. Il en résulta que les enfants firent concurrence à leur père, la femme fit concurrence à son mari, et cela à un point dont peu de personnes peuvent se rendre compte. Ainsi, au lieu de travailler en commun et les uns pour les autres, on travailla les uns contre les autres. Et ce qui devait atténuer la lutte pour la vie ne servit qu'à la rendre plus dure que jamais. La pire conséquence du travail des femmes et des enfants a été la dégénérescence physique et morale de la population. La nécessité de vivre obligea la femme, avant et après l'accouchement, à ne perdre que le moins possible de journées de travail. La nature se vengea par des infirmités et des maladies de toutes sortes, de cette infraction aux premiers devoirs d'une mère. La femme, ne pouvant plus nourrir elle-même ses enfants pendant la journée dut les confier à des nourrices qui, mal payées, soignaient mal leurs nourrissons. Aussi les chiffres de la mortalité enfantile se sont-ils élevés à une hauteur effrayante dans cette partie de la population. On comprend que pendant les grèves, alors que les femmes peuvent rester au logis, ces chiffres baissent aussitôt, malgré la misère et les privations de toute sorte. A mon avis, il n'est pas de renseignement statistique plus éloquent; et il n'en est pas qui ait produit sur moi une impression plus vive. Ce n'est pas tout, on ne peut exiger d'une femme occupée toute la journée à la fabrique qu'elle prenne soin de son ménage et de l'éducation de ses enfants quand ils commencent à grandir. Le régime individualiste a donc amené les résultats suivants : la femme s'est flétrie avant le temps ; les enfants négligés se sont étiolés au physique et au moral ; les jeunes filles n'ont plus été initiées par leur mère aux travaux du

ménage et n'ont plus ou sous les yeux l'exemple des
vertus et des devoirs domestiques. L'homme, las des mi-
sères de son foyer, s'est fait le client du cabaret et s'est
livré à l'alcool. Chez lui, il n'a plus été qu'un être furieux,
maltraitant et battant femme et enfants dans l'inconscience
de l'ivresse. Voilà ce qu'a été le mariage et la vie de
famille pour bien des milliers d'ouvriers. Je ne dirai rien
des immoralités dont les enfants pouvaient voir le spectacle ou être victime aux heures du travail de nuit, le
mal était bien pire encore que le manque de sommeil ou
que l'air empoisonné et empesté des étroites fabriques.

Je parle de toutes ces choses comme d'un mal passé.
En effet, cette description ne convient plus tout à fait à la
situation d'aujourd'hui. La situation était devenue absolument intolérable. Il y avait là quelque chose de révoltant et qui constituait un véritable défi aux idées de
justice de l'humanité. Le mal avait atteint les classes ouvrières jusqu'à la moelle, et le salut de la nation réclamait
énergiquement un remède. L'État ne pouvait pas laisser
plus longtemps les choses aller toutes seules, comme il
plaisait ou plutôt comme il ne plaisait pas à Dieu. Cet état
de choses a enfin donné naissance à la législation sur le
travail des fabriques. On a reconnu comme devoir de
l'État le soin de protéger les femmes et les enfants qui
constituent la fraction sociale la plus faible et la plus souf-
frante. On a même entrevu sur ce terrain la possibilité
d'accords internationaux destinés à prendre des mesures
réparatrices. Concurremment avec l'initiative de patrons
intelligents et humains et avec les tentatives organisées
par les communes et la bienfaisance privée pour assurer
la protection, l'éducation et l'instruction de l'enfance, l'intervention tout particulièrement efficace de l'État a amélioré dans une large mesure la situation. Le repos hebdo-
madaire du dimanche que l'on tend à généraliser de plus
en plus, peut contribuer aussi à relever la vie de famille.
Mais qu'on ne s'y trompe pas. Si l'on a fait beaucoup, on

ne peut se flatter d'avoir entièrement guéri le mal. Ici apparaît une fois de plus l'union intime et l'étroite solida-. rité des réformes extérieures et des transformations inté- rieures dans l'état moral des hommes. Si l'on ne veut pas que la liqueur se perde, il faut un vase pour la recevoir, mais aussi ce vase n'est rien sans la liqueur qu'il doit ren- fermer et qui est ici l'esprit de famille et l'amour de la famille.

Laissons là les enfants dont nous venons de dire quelques mots. Nous nous trouvons maintenant en présence de la question des femmes proprement dite. Et nous devons faire remarquer tout de suite ici que cette question des femmes est double. Elle se pose pour les classes supé- rieures de la société avec non moins de force que pour les classes inférieures. Et le danger n'est pas moins grand en haut qu'en bas.

Bien qu'en moyenne il naisse plus de garçons que de filles, — 106 contre 100 — l'égalité se rétablit dès la pre- mière année de la vie par suite de la mortalité plus grande des garçons. Puis peu à peu la proportion se renverse et elle devient finalement telle que pour cent hommes adultes il y a cent vingt ou cent trente femmes. C'est ainsi que, du moins en Europe, le nombre des femmes dépasse de beaucoup celui des hommes. Lors du dernier recensement, il y avait, en Allemagne, une majorité d'environ un million.

Une autre cause qui fait naître la question des femmes, c'est la répulsion croissante des jeunes gens pour le ma- riage. Cette tendance se manifeste surtout dans les classes élevées. Elle a sa source en partie dans de réelles difficul- tés matérielles qui proviennent de l'état social actuel, en partie dans les exigences excessives de nos jeunes gens; prétentions absolument condamnables au point de vue moral. Il est évident que c'est dans ces obstacles, volon- taires ou non, apportés au mariage qu'il faut chercher la cause principale de la prostitution qui s'étend de plus en plus et qui corrompt de plus en plus au physique et au moral notre existence nationale. Une conséquence qui découle encore de là et qui nous intéresse particulièrement ici, c'est que dans les classes supérieures de la société encore plus que dans les classes inférieures le nombre des femmes non mariées est en progression constante. Il faut leur trouver des moyens d'existence et c'est là le point de départ de la question de la femme, dans le sens étroit de l'expression.

Tout d'abord, il faut noter un contraste remarquable entre ce qui a lieu dans les classes supérieures et dans les classes inférieures. Dans la classe des travailleurs on n'a jamais en principe hésité à mettre la femme au même rang que l'homme et à admettre qu'elle doive travailler comme lui et prendre sa part à la lutte pour le pain quotidien. — Ces mêmes fabricants ou grands propriétaires qui se révolteraient à l'idée de voir leurs filles travailler dans un magasin ou suivre des cours d'anatomie en compagnie d'hommes trouvent aussi naturel qu'avantageux de faire travailler ensemble dans leurs fabriques ou leurs exploitations rurales, les hommes et les femmes. De leur côté, les ouvriers ne voient là, non plus, rien d'anormal, bien que, parfois, en présence de la concurrence qu'elles leurs font et de l'abaissement des salaires qui en résulte, ils manifestent le désir de voir supprimer et interdire le travail des femmes. Il importe donc, en présence de l'emploi croissant des femmes dans tous les domaines de l'activité industrielle, de proclamer et de reconnaître une fois pour toutes que les femmes ont des devoirs et des fonctions propres, et que par suite elles doivent être, dans une large mesure, exonérées de l'obligation du travail à l'atelier. En d'autres termes, ici, je veux dire dans les classes inférieures, les hommes et les femmes ont formé longtemps et forment encore aujourd'hui une masse indistincte et homogène. Il faut organiser et différencier cette masse et tenir compte socialement de différences qui existent dans la nature des choses.

Toute autre est la situation dans les classes supérieures ou instruites de la société. Là, la femme est en fait et en droit tenue à l'écart et exclue de presque tous les domaines de travail et de toutes les occupations productives réservées à l'homme. On en donne comme raison, tantôt que le travail hors de la maison et de la famille ne convient pas à la femme ; tantôt que les femmes ne sont pas capables d'accomplir la plupart des travaux réservés aux hommes, du moins aussi bien que ces derniers. Tel est le double problème qui se pose pour la femme, d'un côté dans les classes supérieures, de l'autre dans les classes inférieures de la société. Ajoutons à cette situation l'infériorité juridique et politique de la femme, infériorité qui va dans certains cas jusqu'à la négation de tout droit. Nous trouvons, en résumé, le triple, ou si nous y ajoutons la plaie de la prostitution, le quadruple problème qui constitue la question de la femme, et rentre à ce titre dans la question plus générale, dans la question sociale.

Sur tous ces points, le parti démocrate-socialiste prend résolument en main la cause de la femme. C'est ce qui ressort clairement du livre de Bebel : *La femme et le socialisme* (9° et 10° édition, 1891) ou sous son titre primitif : *La femme dans le passé, le présent et l'avenir.* — Quelle position prendrons-nous dans cette question?

D'abord le problème a deux faces : une face psychologique et une face historique et sociale à laquelle se rattachent la question juridique et la question morale. Quelle est la différence psychologique entre l'homme et la femme? Telle est la façon dont on peut poser le premier problème. — Y en a-t-il une? Et si elle existe, faut-il la regarder comme naturelle et innée ou comme un produit de la civilisation, se renouvelant de génération en génération par suite de la différence d'éducation? — Ce n'est pas ici le lieu d'exposer aux yeux du lecteur toute la série des arguments qu'on peut emprunter aux observations psychologiques, aux études ethnologiques et aux expériences péda-

gogiques. Aussi, présenterai-je ma réponse sans l'appuyor
sur de nombreuses preuves, et je la livrerai sans défense
à la critique. — La différence entre l'homme et la femme,
dirai-je, est une différence intégrale et qui s'étend à l'être
tout entier. Résultant d'une différence physiologique et
anatomique, elle se reflète, à partir du moment où s'éveille
le sentiment, dans toutes les manifestations de la vie
intellectuelle et morale, et donne à chacune d'elles une
marque, une nuance spéciale, masculine ou féminine qui
constitue une sorte de signe local toujours aisément recon-
naissable. Mais, et c'est ici qu'apparait la fausseté de la
conclusion des adversaires de toute émancipation de la
femme, cette différence intégrale n'est pas toutefois une
différence considérable ni absolue. La différence se retrouve partout; cela est certain. Mais le nom générique
« homme », qui s'applique aux deux sexes, prouve à lui
seul que les ressemblances l'emportent sur les différences.
Un coup d'œil jeté sur les différentes races et les différents
peuples, sur les différentes classes ou catégories sociales
ainsi que sur les différentes époques historiques nous fait
voir que cette différence est loin d'être constante et qu'elle
varie au contraire en étendue et en grandeur. Conditionnée
par la marche de la civilisation et de l'histoire, elle se
trouve par suite soumise aux vicissitudes de l'arbitraire
humain et comporte dans une large mesure la contingence
et la variabilité. Cela posé, c'est à la réflexion, à la critique et à la science de décider si telle époque donnée fait
à cette différence, dans ses mœurs, ses institutions et ses
lois, une part insuffisante ou excessive.

De ce que nous venons de dire, résultent deux choses.
Sous notre régime individualiste, on n'a pas tenu compte
d'une façon suffisante, dans les classes inférieures, de la
différence des deux sexes et des devoirs propres et des
fonctions vitales essentielles qui incombent à la femme ;
et l'on continue toujours à n'en pas tenir assez compte. La
seule différence que l'on ait faite est une différence de

salaire : la femme est moins payée que l'homme. Par contre, la différence entre les sexes a été en certains endroits et à certaines époques artificiellement exagérée — non sans grand dommage — et il me semble que c'est ce qui arrive aujourd'hui dans les classes élevées de la société.

Il en résulte qu'en pratique la conduite à tenir dans les deux cas est diamétralement opposée. D'un côté, il faut établir cette différence qui n'existe pas socialement et qui doit exister. De l'autre, il faut diminuer l'abîme artificiellement creusé par les préjugés de nos classes supérieures entre l'homme et la femme.

La première réforme est étroitement liée au reste de la question sociale. Par exemple, la femme a le plus grand intérêt à voir triompher les revendications de ceux qui réclament la journée de huit heures. L'ouvrier rapportera plus d'argent à la maison ; il aura aussi plus de temps à passer en famille — cette double amélioration permettra à la femme de l'ouvrier de mieux déployer ses qualités de femme et de mère. Nous n'avons donc pas à insister particulièrement sur cette première question.

Il n'en est pas de même de la seconde, je veux dire de celle qui a trait à la nécessité de combler l'intervalle qui sépare dans nos classes cultivées l'homme et la femme. En présence de la situation sociale de cette catégorie de femmes, je n'hésite pas à dire qu'il y a là une tâche sérieuse et pressante à accomplir. Je ne vois pas là seulement une nécessité sociale, mais un acte de justice et d'équité, c'est-à-dire une obligation morale.

Les objections que l'on fait contre ce projet sont du même ordre que les motifs usés que l'antisémitisme invoque pour justifier son intolérance. Elles ne prouvent rien parce qu'elles s'appuient sur un état de choses qui dure depuis des siècles et contre lequel nous protestons précisément aujourd'hui. Par exemple, on soutient que la femme n'a produit des œuvres comparables à celles de l'homme sur aucun des

domaines de l'activité intellectuelle. Soit, mais il ne résulte
pas de là que la femme en soit incapable d'une manière
absolue; mais seulement qu'elle en a été incapable jusqu'ici
au milieu de circonstances extérieures extrêmement défavorables pour elle.

Nous autres hommes, nous avons fermé systématiquement aux femmes toutes les voies menant à une culture
intellectuelle supérieure ; nous lui avons interdit, à peu
d'exceptions près, toute autre occupation que celles auxquelles elle peut se livrer chez elle; nous avons raillé im-
pitoyablement les tentatives qu'elle a faites pour sortir de
cet état d'infériorité. Et aujourd'hui, comme preuve sérieuse
de cette infériorité, nous prétendons que la femme n'a
jamais rien produit de grand ni de remarquable dans la
science ou dans l'art! — Il faudrait d'abord faire des réserves sur ce point — restreindre singulièrement la portée
de ce « jamais » et reconnaître que des femmes ont produit
des œuvres qui sont bien au-dessus de notre capacité à
nous, hommes moyens. Il faudrait dire bien plutôt que les
quelques femmes qui sur le terrain de la science, de la
poésie ou de l'industrie ont produit quelque œuvre sortant
de l'ordinaire ont beaucoup plus de mérite que les hommes
que l'on placerait au même niveau parce qu'elles ont dû
triompher d'obstacles qu'ils n'ont pas rencontrés et forcer
des chemins qui leur étaient tout ouverts. Si tant de femmes
ne s'intéressent pas aux choses intellectuelles, il ne faut
pas attribuer cette infériorité à une différence anatomique
dans la structure du cerveau, mais au genre d'éducation
de nos jeunes filles. Leur instruction a été pendant longtemps (aujourd'hui il n'en est plus de même) confiée à des
maîtres inférieurs et mal dirigée. De plus, elles quittent
l'école juste au moment où s'éveille chez les jeunes gens le
goût des occupations intellectuelles. On les entraîne alors
dans une vie agitée et vide, on les livre aux futilités de ce
que nous appelons « la société ». Ignorantes des devoirs
et du sérieux de la vie, elles voltigent çà et là comme de

brillants papillons et passent leur temps à flirter avec les jeunes gens. Comme nourriture intellectuelle, elles n'ont guère que les romans français ou anglais ou encore la musique dont l'influence est plutôt nuisible parce qu'elle n'est qu'une récréation et un amusement. Et l'on s'étonne après cela que tant de femmes soient vaines et désireuses de plaire, qu'elles restent étrangères aux intérêts intellectuels et qu'elles manquent de logique et de caractère. Au lieu de lutter énergiquement contre le mal, on ferme aux femmes le seul chemin qui leur permettrait d'y échapper : l'habitude et le goût du travail intellectuel[1].

Aussi mon opinion est-elle qu'on devrait rendre possible aux femmes l'accès d'études analogues à celles que font les hommes. Toutefois ceux et celles qui défendent ce projet commettent une méprise lorsqu'ils se bornent à réclamer l'admission des femmes dans les universités.

C'est prendre les choses par le mauvais bout, c'est vouloir édifier la pyramide en commençant par la pointe; c'est de plus donner une arme aux adversaires de cette idée, notamment à ceux qui appartiennent aux Universités. — En effet, demandera-t-on, qui garantira l'instruction antérieure exigible? — Cette instruction ne sera-t-elle pas, à peu d'exceptions près, superficielle et défectueuse? Je trouve qu'en Allemagne, on se préoccupe trop de savoir d'*où* les jeunes gens ont tiré leur instruction et non de ce que cette instruction *est* et vaut en elle-même. Mais tant qu'il en sera ainsi, il faudra que les jeunes étudiantes puissent justifier d'une façon satisfaisante de leur instruction préparatoire. Et pour cela, il faudra créer des collèges de jeunes filles qui donneront approximativement la même instruction que celle qui est donnée

_____

(1) Citons ici une parole de Schleiermacher (dans les *Athenaeum Fragmenten*, p. 304 : *Idée d'un catéchisme de la raison pour les dames*, 10° commandement) : « Prenez goût à l'instruction, à l'art, à la sagesse et au sentiment de l'honneur qui ont jusqu'ici été le privilège de l'homme. »

dans les collèges de garçons. Donc, au lieu de faire des pétitions et des théories, il serait temps de créer en Allemagne, avec des ressources dues à l'initiative privée, quelques gymnases de jeunes filles[1] à la sortie desquels des examens contrôlés par l'État feraient la preuve que des jeunes filles préparées de la même manière que les jeunes gens de leur âge savent autant qu'eux. Alors seulement on pourra tenter avec succès de forcer les portes des Universités qui jusqu'ici sont restées fermées et qui seront bien obligées de s'ouvrir. Il faut faire cesser les hésitations et oser. Des actes et non des paroles !

Mais une fois ces portes ouvertes, de nouvelles questions se présentent. D'abord, les jeunes filles étudieront-elles en commun avec les jeunes gens, ou bien créera-t-on pour elles une université spéciale? Les deux thèses peuvent se soutenir. Les relations libres entre jeunes gens des deux sexes ne seraient pas tout à fait sans péril. L'étude en commun pourrait de temps à autre devenir scabreuse. D'un autre côté, l'élément féminin pourrait exercer sur nos jeunes gens une influence morale bienfaisante et ceux qui ne croient pas à l'immuabilité sacro-sainte des mœurs de la vie d'un étudiant ne le regretteront pas. Au milieu de ces doutes, une chose me paraît militer absolument en faveur de la communauté des études. Une université de femmes serait aussitôt soupçonnée d'être inférieure aux universités masculines. Les meilleurs professeurs s'en écarteraient et l'enseignement aurait naturellement à en souffrir.

En second lieu, la question qui se pose est celle-ci : Que devront étudier les jeunes filles? On recommande tout particulièrement aux femmes l'étude de la médecine. Cette étude est en effet tout indiquée pour elle, quand on songe aux qualités que la femme déploie dans les soins à donner

---

(1) Un gymnase de jeunes filles modèle vient d'être ainsi créé à Carlsruhe (1893).

aux malades et à l'avantage qu'il y aurait pour les femmes, en cas de maladies spéciales, à pouvoir s'adresser à des médecins de leur sexe, au lieu de laisser passer comme elles le font parfois, par scrupule de pudeur, le moment favorable pour le traitement. Il est vrai que les mêmes raisons qui font regretter l'absence de femmes médecins militent contre un enseignement qui serait donné aux étudiantes par des professeurs hommes et qu'elles recevraient en compagnie d'étudiants du sexe masculin. — Mais à côté de la faculté de médecine, l'enseignement de la philosophie ne pourra-t-il pas attirer également les jeunes filles ! Les Écoles supérieures de filles réclament et bientôt les gymnases de jeunes filles réclameront des professeurs femmes instruites à l'université et qui soient en état d'enseigner dans toutes les classes de ces établissements. Et enfin pourquoi une femme ne s'adonnerait-elle pas à l'étude de la philosophie, de la théologie, de la jurisprudence ou de l'économie politique, des mathématiques ou des sciences naturelles si elle s'en sentait le goût et si elle y était préparée par son instruction antérieure? Les facultés de médecine ne prendraient plus dans la question une attitude aussi intolérante si elles n'étaient plus les seules à recevoir les demandes des étudiants femmes.

Nous sommes ainsi amenés à une question nouvelle. Pourquoi étudier tout cela, si les femmes se voient fermer toutes les situations et toutes les voies qui sont ouvertes aux hommes par les mêmes études ? Les femmes peuvent dès aujourd'hui devenir médecins et institutrices ; mais peuvent-elles devenir prédicateurs, professeurs, juges, avocats, députés, pharmaciennes, ingénieurs ? Nous sommes ainsi conduits à examiner le côté juridique et politique de la question qui intéresse toutes les femmes quelle que soit leur condition sociale.

Commençons par la question politique. Vouloir du jour au lendemain accorder aux femmes le droit de vote et l'éligibilité dans l'État, dans l'Église ou dans la commune serait une faute et un mal comme toute innovation soudaine. Mais qu'on ne vienne pas nous objecter que les femmes n'entendraient rien à la politique et qu'elles ne voudraient pas s'en occuper. Sur le premier point, cette affirmation n'est plus exacte aujourd'hui, et peut-être ne l'a-t-elle jamais été. Nous avons vu des femmes habiles à régner non seulement dans leur maison, mais aussi dans l'État. Elles s'y sont même montrées particulièrement habiles, depuis Sémiramis jusqu'à Elisabeth d'Angleterre, Marie-Thérèse d'Autriche et Catherine de Russie. Les journaux, les biographies, les correspondances et les mémoires nous laissent entrevoir derrière les coulisses de la politique, les intrigues et les trames ourdies par la main des femmes. Une histoire intime du « Culturkampf » par exemple, nous dévoilerait sans doute des influences féminines d'une puissance dont nous n'avons pas idée. D'un autre côté, peut-on exiger de celles qui pendant des siècles n'ont eu aucun droit de prendre part au conseil ou à l'action, peut-on exiger d'elles qu'elles montrent tout d'un coup de l'intérêt et de l'intelligence pour les choses de la vie politique ? Mais est-il écrit dans les astres que cet état de choses durera éternellement ? Et alors que les femmes ont conquis le droit d'être éligibles et élues comme arbitres dans les arbitrages ouvriers, ou comme administratrices des caisses du travail et qu'elles sont de plus en plus admises à ces fonctions, serait-il si scandaleux de les voir siéger en qualité de juges pour trancher les différends entre femmes ou prendre part aux élections pour nommer les autorités locales chargées de la surveillance des écoles ?

Il y a là en fait des germes qui pourront se développer et des commencements qui aboutiront à conférer aux femmes des droits plus grands. Avant d'en arriver là, il faut faire l'apprentissage politique des femmes, en commençant par des affaires de moindre importance, les habituer à traiter pratiquement des questions générales, les intéresser aux problèmes qui ont trait au bien public, les initier aux

formes parlementaires et à des débats qui ne dévient pas
à côté de la question. Par crainte des conséquences extrêmes qui encore aujourd'hui tombent sous les prises des
railleries d'Aristophane, doit-on s'empresser de fermer aux
femmes toutes les voies et toutes les portes qui pourraient
par la suite les conduire plus loin ? Pour ne pas leur donner tout, faut-il leur refuser ce qu'on pourrait parfaitement
et même ce qu'on devrait, pour être équitable, leur accorder dès aujourd'hui ? — Telle est la question pratique qui
se pose pour nous en ce moment. — Nous pouvons avec
confiance laisser à l'avenir le soin de décider ce que l'u-
sage regardera plus tard comme possible. Nous ne jugeons
les choses en moyenne que parce qu'autorisent les habitudes et les coutumes. Aujourd'hui encore dans la
vieille Europe des prédicateurs femmes nous paraissent
ridicules et moi-même je ne puis m'empêcher de partager cette impression, quoique les missions religieuses
aient déjà rompu avec le brutal *taceat mulier in ecclesiâ*
et que les intérêts religieux seraient peut-être souvent
mieux sauvegardés et mieux défendus sous la garde
de la femme qu'entre les mains de certains de nos
prédicateurs et de nos prêtres. Quoi qu'il en soit, nous ne
pouvons savoir si une femme en chaire paraîtra ridicule à
nos petits-fils ou à nos arrière-petits-fils. Pour moi, j'in-
cline à croire qu'elle ne le sera plus autant qu'aujourd'hui.
Il serait plus comique encore de voir une femme députée au
Reichstag ou une femme ministre. Et pourtant qui pourrait
dire s'il ne paraîtra pas très utile à nos petits-fils d'avoir
des femmes chefs de division ou conseillers au ministère
de l'instruction publique, pour travailler à l'amélioration si
nécessaire et si capitale de l'enseignement des femmes ?
Peut-être verra-t-on un jour dans cette participation de la
femme à la vie publique le meilleur rempart contre un
socialisme niveleur et uniformisant. Les femmes en effet
seront meilleures gardiennes de l'individualité que nous
autres hommes, habitués à porter un uniforme au phy-

sique et au moral. On raillera cruellement alors notre
myopie d'aujourd'hui et notre obstination à ne pas vouloir
reconnaitre ce qu'il y a de raisonnable dans ce qu'on nous
propose et l'on n'aura que de la pitié pour les vaines in-
quiétudes qui nous font rejeter les revendications les mieux
fondées. N'est-on pas en droit dès aujourd'hui, quand on
voit le Reichstag passer à l'ordre du jour, au sujet d'une
pétition concernant l'admission des femmes aux études
médicales, de lui reprocher du moins la pauvreté des raisons sur lesquelles les orateurs de la majorité ont appuyé
leur refus. Comment d'ailleurs une assemblée non payée,
et composée en grande partie de seigneurs riches et de
prêtres catholiques célibataires, aurait-elle l'intelligence
des nécessités de la situation ? Mais l'Amérique et dans une
certaine mesure aussi l'Angleterre, font pour nous des
essais qui dans quelques années rendront possible une
solution reposant sur l'expérience.

En prenant ainsi parti pour l'émancipation des femmes
au risque d'être décrié comme hérétique et de choquer des
préjugés si profondément enracinés dans les esprits, je
dois encore écarter une objection et un malentendu possible. — Cette émancipation de la femme, pourrait-on
demander, ne relâchera-t-elle pas les liens du mariage et
ne troublera-t-elle pas la vie de famille ? — Comprend-on
la femme indépendante, suivant sa vocation particulière,
votant à l'occasion ou faisant de l'agitation politique en
opposition avec son mari ? — Si l'on veut prétendre que
tout ce que je viens de dire ne peut convenir qu'aux
femmes non mariées, je m'inscris en faux contre cette opinion ; et rien ne me paraîtrait plus injuste à l'égard des
femmes mariées qui rendent bien plus de services que les
autres à la société, en mettant au monde des enfants dans
la douleur et au péril de leur vie. Mais je crois d'abord que
le célibat diminuerait plutôt qu'il n'augmenterait dans les
classes cultivées, par suite du changement qui s'introdui-
rait ici dans les mœurs et les usages. Au bal et dans les

réunions mondaines, l'homme ne voit guère la jeune fille que sous l'aspect toilette et vanité. Et l'homme le plus sérieux peut se laisser épouvanter à la pensée des prétentions que beaucoup d'entre elles peuvent avoir sur le chapitre des plaisirs et de la dépense. Au contraire, en travaillant ensemble, l'homme et la femme apprendront à se connaître sous un jour plus sérieux et plus engageant, et pour plus d'une jeune fille, les études commencées se termineront avant leur achèvement par l'amour et par le mariage.

Dans le mariage même, des femmes ainsi élevées auront beaucoup plus d'influence sur leur mari. Elles entreront plus activement dans ses intérêts et se sentiront unies intellectuellement à lui d'un façon plus intime que tant de nos jeunes filles et de nos femmes d'aujourd'hui. La communauté des intérêts politiques et civiques, loin d'occasionner une scission entre les époux, sera au contraire un lien de plus assurant le rapprochement et l'union. Quand une femme mariée voudra continuer à poursuivre sa voie, elle en restera souvent à l'intention lorsque les enfants et les soucis de la famille arriveront Mais si une femme se sent assez de force pour mener de front la vie publique et la vie domestique, en ne négligeant pas son intérieur, il n'y a pas de raison pour que ces deux fonctions différentes ne se concilient pas et n'aillent pas ensemble. Enfin, pour conclure, je ne me promets pas de ce projet le ciel sur la terre. Il se produira des conflits ; mais ils ne seront pas plus fréquents ni pires que ceux qui naissent lorsque le mari va à son travail et que la femme ne vit que pour la société et le plaisir. En tout cas, ces conflits auront un fond plus moral. Et puis la nature et les lois de la vie sauront bien empêcher l'arbre de pousser ses branches jusque dans le ciel.

Qu'on nous laisse donc en repos avec cette phrase : La place de la femme est au foyer et à la maison. Qu'on ne la répète pas en toute occasion tant qu'on ne sera pas en

état de donner à chaque femme un mari et un foyer, tant
que l'on trouvera tout naturel que les femmes du peuple
prennent leur lourde part du travail de leur père, de leurs
frères et de leur mari, enfin tant qu'on n'aura pas banni
du monde la plaie de la prostitution.

La prostitution est en effet un grave symptôme de ma-
ladie, non seulement parce qu'elle met à nu, dans tout ce
qu'elle a de bestial, la sensualité humaine, mais surtout
parce que l'attitude de l'Etat, vis-à-vis de ce mal, décèle
une hypocrisie odieuse. On la condamne et on l'interdit
tout en fermant les yeux et en prenant même des précautions pour qu'elle puisse s'exercer et s'exercer autant que
possible sans danger.

Il est inadmissible que sur ce point l'homme s'arroge un
privilège injustifiable et prétende pouvoir se permettre ce
qu'il réprouve sans ménagement et ce qu'il punit sans in-
dulgence chez la femme. Il est vrai que la situation n'est
pas absolument la même pour les deux sexes. Mais les
instincts volages de l'homme et ses goûts polygames ne
font que constater le fait de son infidélité et ne le justifient
pas. La chasteté est sans aucun doute une belle vertu ; mais
elle n'est pas moins une vertu pour l'homme que pour la
femme. Et quand l'homme croit avoir le droit de s'en dispenser, il ne fait que mettre en lumière la partialité qui
préside aux législations et aux règles morales, quand le
droit est aux mains d'une catégorie privilégiée, au lieu
d'être égal pour tous les membres de la communauté.
Quoique les femmes aient été jusqu'ici tolérantes sur ce
point et se soient accommodées des façons de voir de
l'homme, il faudrait que de nos jours où nous voyons s'é-
veiller de plus en plus, parmi elles, le sentiment de cette
injustice et de ce désordre moral, il faudrait, dis-je, que
leurs protestations fussent soutenues dans les rangs des
hommes, par tous ceux qui souhaitent l'avènement de
mœurs meilleures et d'une moralité plus pure.

Je pense qu'ainsi comprise, l'émancipation des femmes

n'effrayera personne, et qu'en tous cas elle n'attirera pas, à ceux qui s'en déclarent les partisans, le reproche de vouloir faire triompher une morale relâchée. Nous avons été amenés à ces considérations par la pensée et le désir de relever la vie de famille. Et c'est ce même désir qui nous fait souhaiter de voir les femmes occuper une situation parfaitement égale à celle de l'homme et qui nous fait regarder, comme une indignité, qu'une fraction d'entre elles puissent être brutalisées par les hommes et dépouillées par eux de leur dignité d'êtres humains et de femmes [1].

(1) Dans la question de la Femme, je me place en principe au même point de vue que John Stuart Mill dans son *Essai sur la Dépendance de la Femme* (trad. par Jenny Hirsch, 1869) et son écrit antérieur : *l'Emancipation des femmes*, et que Harald Hoeffding, dans son *Éthique*. Seulement ici encore je suis d'avis qu'une transformation progressive dans les mœurs et les idées sera plus efficace qu'un bouleversement et qu'un changement radical. D'ailleurs, pour éviter de donner à cette question spéciale une place en disproportion avec le cadre étroit que je pouvais consacrer à cette étude, je me suis abstenu dans le texte d'entrer dans maints détails qui se rattachent à cette question, j'ai notamment omis tous les documents statistiques et ethnologiques qui s'y rapportent et j'ai laissé de côté, sans y répondre, pas mal d'objections qu'on peut soulever contre la solution que je propose. Enfin les expériences faites jusqu'à ce jour en Amérique, quelque favorables qu'elles puissent paraître, ne m'ont pas semblé suffisamment probantes pour apporter une solution décisive dans cette question des femmes. — En ce qui touche, par exemple, la question de l'instruction des femmes, les points de comparaison font défaut, à cause de l'organisation absolument différente des universités américaines et des universités allemandes. L'exemple des universités suisses ne pourrait non plus nous édifier complètement. La création par l'initiative privée de quelques gymnases de jeunes filles trancherait la question plus vite et plus radicalement que des pétitions, des brochures et que tout appel à des exemples étrangers [1].

(1) Aujourd'hui (1893) ce mouvement est en bonne voie en Allemagne et donne déjà de bons résultats. (*N. de l'auteur.*)

CHAPITRE VI

PAUVRETÉ ET BIENFAISANCE. — LUXE ET BONHEUR

Le lecteur a pu s'étonner que nous n'ayons rien dit jusqu'ici d'une solution de la question sociale, qui semble pourtant se présenter tout naturellement la première. Cette solution serait tout simplement la bienfaisance. Exercée soit par les individus, soit par des associations, soit par des laïques, soit par des ecclésiastiques, ne pourrait-elle pallier ou même supprimer entièrement le grand mal social, la Pauvreté ?

Malheureusement, je ne suis pas disposé à voir dans la bienfaisance une solution vraiment efficace, tout en estimant hautement sa valeur idéale et même les services qu'elle peut rendre dans les conditions sociales actuelles. — Suivant moi, l'existence de la bienfaisance parmi nous n'est qu'un indice du mal profond qui ronge notre société. Elle n'est donc à mes yeux qu'un mal nécessaire à côté d'un autre mal, pas davantage.

Si cette proposition a l'air d'un paradoxe, il faut s'en prendre à l'idée qu'on s'est faite longtemps parmi nous des rapports de la pauvreté et de la bienfaisance. Cette idée domine encore à l'heure actuelle et exerce la plus funeste influence. C'est celle-là même qu'ont fait prévaloir le christianisme et le moyen âge. — Le christianisme a été au début la religion des pauvres et par suite manifesté tout d'abord une certaine hostilité à l'égard des riches. Ce caractère s'explique pas les circonstances historiques dans lesquelles se sont produites l'avènement et la diffusion de la religion nouvelle soit en Palestine, soit dans l'empire romain. Mais il s'explique aussi par cet idéalisme qui fait le fond du christianisme. La religion chrétienne regarde les pauvres comme les heureux de ce monde ; elle engage les jeunes gens riches à vendre ce qu'ils possèdent et à le donner aux malheureux. Le disciple de Jésus ne doit pas s'attacher à ces richesses périssables que les vers rongent et que les voleurs ravissent, Il ne doit pas se préoccuper de ce qu'il mangera ni de ce qu'il boira, ni de ce qu'il aura pour se vêtir. Il doit considérer ce qu'il a comme n'étant pas à lui. Tels sont les préceptes du Maître et de ses premiers disciples.

Nous voyons paraître ici cet esprit de renoncement qui n'a fait que se fortifier durant tout le moyen âge et qui est souvent entré en lutte dès cette époque avec la tendance inverse, c'est-à-dire avec l'esprit du monde et le désir de domination qui s'efforçait avec non moins d'énergie de prévaloir dans l'Eglise. De là résulte une double morale ; de là aussi une distinction profonde qui s'établit entre les deux catégories de chrétiens. Au degré supérieur se trouvent les prêtres et les moines, sanctifiés par leurs vœu de pauvreté et de renoncement. Au-dessous d'eux les laïques restent attachés par la vie temporelle, au mariage et à la propriété et tâchent d'accroître leurs richesses. Ainsi, on le voit, la pauvreté, au moins la pauvreté volontaire, est regardée comme méritoire. Elle apparaît au point de vue de la perfection chrétienne comme un bonheur et une vertu : la richesse au contraire est regardée comme une tare et un péché qu'il convient d'expier par des aumônes et des dons de toutes sortes, par une bienfaisance large et infatigable. C'est là une sorte de tribut payé par le chrétien laïque à ses frères pauvres qui sont plus près que lui du royaume de Dieu. — Une pareille doctrine religieuse ne pouvait évidemment se proposer de faire disparaître la pauvreté. Celle-ci étant une perfection et une vertu, on s'attacha au contraire à la répandre de plus en plus en fondant des ordres mendiants et l'on favorisa le plus possible l'extension d'une bienfaisance « insouciante et imprévoyante [1] ».

La renaissance et la réforme ont réagi contre cette conception religieuse de la charité. Luther oppose à la paresse monacale les bienfaits du travail. Un humaniste catholique contemporain de Luther, Louis Vivès, dans son écrit *De subventione pauperum*, prescrit aux communes comme un véritable devoir l'entretien des pauvres; mais le but final de cette mesure est, suivant lui, l'extinction de la pauvreté et d'ailleurs l'assistance ne sera donnée aux citoyens pauvres qu'en échange d'un certain travail. — Sous l'influence de cet écrit et en même temps dans les pays protestants sous l'influence de la réforme nous voyons peu à peu ces idées passer dans le domaine des faits et de la pratique.

Néanmoins l'ancienne conception du moyen âge subsiste encore en partie parmi nous et l'on pratique encore aujourd'hui la charité comme on la pratiquait il y a cinq cents ans. — Même, en un certain sens, on fait pis. — On voyait alors dans l'aumône l'accomplissement d'un devoir religieux et un moyen commode, il est vrai, de s'assurer la félicité éternelle. De nos jours, l'aumône a absolument perdu le caractère d'un devoir et n'est plus qu'un moyen mis au service de la vanité humaine.

Loin de moi la pensée de vouloir nier ou diminuer à plai-

---

(1) Je renvoie à ce sujet à mon histoire de l'*Éthique chrétienne* (1886), p. 65 et suiv., 205 et suiv., 367, 437, etc.

Consultez aussi : Uhlhorn (*die christliche Liebesthätigkeit in den alten Kirche und im Mittelalter*). — Natzinger, *die Geschichte der Kirchlichen Armenpflege* et W. Haller, *das Eigenthum im Glauzen und Leben der nachapostolischen Kirche* (Theologische studien und Kritiken, 1891, 3° livraison).

L'expression « Bienfaisance insouciante » fahrlässige Wohlthätigkeit) est de Paulsen, *Système de Morale* (System der Ethik), p. 520.

sir ce qu'il y a de grand et de beau dans la charité. Mais le moraliste ne peut s'empêcher de reconnaitre que notre façon ordinaire de la pratiquer présente au point de vue moral de graves inconvénients. Le fait d'obliger autrui flatte toujours en nous à quelque degré ce sentiment de supériorité que nos patrons et nos chefs d'usine ont tant de peine à abdiquer. Nous trouvons un plaisir plus mesquin encore à voir notre nom figurer à côté d'une fastueuse donation, sur une liste de souscription ou sur un journal. Nous sommes heureux de nous faire présenter comme membres d'un comité de bienfaisance dans les salons des plus hauts personnages. La charité est devenue pour beaucoup un véritable sport et une simple occasion de plaisirs mondains. Les organisations charitables tels que bals de bienfaisance et ventes de charité soulèvent contre elles, non sans raison, un sentiment d'irritation qui se fait jour dans l'ingratitude avec laquelle les dons sont reçus, ainsi que dans les commentaires malveillants des feuilles socialistes. Il faut surtout regretter de voir cette grande et sublime vertu de la charité rabaissée à n'être plus qu'un moyen au service de l'égoïsme. Quelle plus grande faute peut-il y avoir contre le saint esprit de dévouement et le véritable amour de l'humanité? Ce sont surtout les femmes qui, par légèreté, je le veux bien, sont surtout répréhensibles à ce point de vue. Nos jeunes filles sont habituées dès le début à ne chercher qu'une distraction et un plaisir dans un des plus sérieux devoirs de la vie et à apporter à ces bals dont la misère est le prétexte un cœur froid et vide de toute compassion.

Quelle conclusion tirer de tout cela? Faut-il donc proscrire toute bienfaisance? Non assurément. — Dans l'état actuel de la société, la bienfaisance privée a et aura longtemps encore l'occasion de s'exercer. Aussi faut-il insister tout particulièrement sur les moyens de la rendre vraiment utile et moralisatrice.

Tout d'abord une bienfaisance ingénieuse peut et doit

venir en aide à cette catégorie d'ouvriers qui ne sont pas
menacés directement dans leur existence et qui sont même
capables de vivre de leur travail. Je veux parler ici de ces
organisations de toutes sortes dont il a déjà été question et
qui ont pour objet l'amélioration de la situation matérielle
des travailleurs, cités ouvrières, bains, salles de restau-
rant, salles de société, hôpitaux, crèches, églises, enfin de
toutes ces fondations que des patrons sages et humains,
aidés ou inspirés par leur femme ou leurs filles, ont consa-
crées au bien-être de leurs ouvriers. J'ai déjà dit aussi les
précautions qu'il faut prendre pour que ces mesures n'ex-
citent pas la défiance des ouvriers, mais soient au contraire
favorablement accueillies par eux et exercent sur eux une
action bienfaisante. Tout en prenant l'initiative de ces
œuvres d'amélioration sociale, le patron fera participer ses
ouvriers à leur organisation, il consultera sur toutes les
questions importantes des comités élus par eux : il leur
abandonnera enfin dans la mesure du possible l'administration et même la direction de l'œuvre. Nous en revenons
ainsi toujours à la même formule : « Aider autrui pour
qu'il s'aide lui-même. » Sans doute il peut en coûter de faire
ainsi le sacrifice de sa personnalité et de consentir volontairement à n'être plus qu'un associé dans une entreprise
dont on a été le créateur et le chef. Mais le bienfait est-il
donc moins réel et moins grand, parce qu'il a pour effet de
rendre l'ouvrier capable de s'aider lui-même et de collaborer d'une façon active et intelligente au bien de tous? parce
qu'il rend finalement les secours superflus et le bienfaiteur inutile? — Celui qui fait le bien de cette façon a plus
de mérite et doit être intérieurement plus satisfait de lui-
même que le bienfaiteur autoritaire et despotique dont les
obligés baisent la main tout en le maudissant au fond de
leur cœur.

Si la bienfaisance dans le sens étroit et ordinaire du mot
n'a pas à s'exercer vis-à-vis des ouvriers instruits qui tiennent à honneur l'indépendance de leur condition, elle

trouve un champ d'action assez vaste et assez large dans ce monde des ouvriers sans instruction ni organisation d'aucune sorte, qui en sont strictement réduits à vivre du salaire-famine, dans cette armée de réserve de l'industrie qui vit au jour le jour et dont l'effectif s'accroit encore de tous les malades et invalides du travail, des veuves et des orphelins, de tous ces malheureux épuisés au physique et au moral qui réclament impérieusement les secours de la charité. Que convient-il donc de faire en leur faveur?

Le procédé le plus commode consiste à s'en tirer par un don d'argent. On remet au nécessiteux, suivant l'état de sa bourse ou suivant son humeur, une aumône variant entre un sou et vingt francs et on s'en rapporte pour le reste à la grâce de Dieu. Il est surperflu de montrer que cette bienveillance insouciante ne constitue pas un secours réel et qu'elle n'améliore ni ne relève à aucun degré celui qui en est l'objet. Un autre procédé qui est directement l'inverse du précédent consiste à ne faire une bonne œuvre qu'après une longue et minutieuse enquête sur celui qui la recevra. Un premier inconvénient de cette façon d'agir, c'est que la plupart du temps ces enquêtes et ces informations font arriver le secours trop tard : un autre non moins grave est de provoquer chez les pauvres secourus, surtout en ce qui concerne les sentiments religieux, une hypocrisie plus redoutable que la misère même. De son côté, le bienfaiteur ne retire pas non plus de ces deux façons de pratiquer la bienfaisance un profit moral bien considérable. Je ne puis sérieusement me féliciter d'être devenu meilleur pour avoir, en passant dans la rue, jeté d'une façon ennuyée et maussade quelques sous à un pauvre et j'espère bien que personne ne songera à s'enorgueillir d'un pareil acte de générosité. Il en est à peu près de même dans le cas où un pauvre importun vient me relancer chez moi, me dérange de mon travail et n'éveille ainsi en moi que des sentiments d'ennui et de défiance ou lorsqu'un membre du comité de bienfaisance vient me demander une cotisation que je lui remets par pure convenance, sans même m'informer de quoi il s'agit. — Mais c'est surtout la seconde forme de bienfaisance, la forme défiante et enquêteuse qui s'informe non des besoins, mais du plus ou moins de mérite du pauvre, qui rappelle odieusement l'orgueil et la dureté du Pharisien. Ce qui est plus triste encore que la pauvreté, c'est la déchéance et la misère morale qui font qu'un homme doit s'en prendre à lui-même de son propre malheur. Aussi est-ce surtout au malheureux qui est tombé qu'il faut tendre la main ; c'est lui qu'il faut relever de son abaissement moral, en dépit même de ses résistances. Le pauvre indigne a encore plus besoin de moi que les autres et c'est pourquoi dans la plupart des cas la bienfaisance dont il est l'objet est la plus généreuse. Car elle part d'un cœur indulgent, d'une véritable tolérance morale, d'une intelligence délicate et juste des faiblesses d'autrui, fondées sur la connaissance de notre propre cœur.

Ajoutons même que ce n'est pas la charité qu'il faut invoquer ici en premier lieu, mais la justice. La simple justice, en effet, suffirait déjà pour réduire beaucoup la misère. « Où vend-on ces broderies à plus bas prix? » — « J'ai trouvé une couturière à qui je donne vingt centimes de moins. » — « Je paie ma maîtresse de piano moitié moins cher que vous. » — Ce sont là des questions et des propos qu'on entend tous les jours et qu'autorise le principe économique de l'offre et de la demande. Maint père de famille, mainte maîtresse de maison économe, surtout chez nos petits fonctionnaires où l'on cache sa gêne, sont forcés par leur situation précaire de tenir ce langage. — Mais il y a aussi beaucoup de gens qui le tiennent et qui n'y sont nullement forcés. Dans tous les cas, même celui qui trouve une excuse dans sa situation difficile ou dans les habitudes du milieu n'est jamais complètement excusable du fait de réaliser des économies aux dépens du pauvre. Acheter trop bon marché est une faute contre la justice[1]. On est coupable toutes les fois qu'on rémunère un travail au taux du salaire-famine et celui qui achète dans un magasin dont le propriétaire fait travailler ses gens pour un salaire insuffisant partage cette culpabilité. Il est contraire à la justice sociale que des gens qui travaillent réellement et courageusement en soient réduits à mendier et à mourir de faim. Aussi, dans des milliers de cas, la meilleure assistance — celle qui, suivant notre formule, doit amener l'obligé à s'aider lui-même, consiste-t-elle à procurer aux nécessiteux du travail et surtout à le payer de telle façon qu'ils puissent vivre. C'est là la véritable assistance qui les élève moralement, qui ne les humilie point, qui n'étouffe point leurs bons sentiments, qui leur rend l'indépendance perdue, l'amour de la vie et le goût du travail. Chacun peut dans sa sphère et pourra toujours davantage contribuer à faire que le malheureux qui est plein du désir de travailler ne laisse plus tomber ses bras avec désespoir en s'écriant : « C'est inutile de lutter; je ne puis vivre avec ce que je gagne » et que la couturière qui a travaillé jusqu'à une heure avancée de la nuit ne soit plus contrainte de chercher dans la prostitution un supplément de ressources. Et quand les antisémites nous crient, contrairement à toute raison et à toute justice : « N'achetez rien chez les Juifs, » — nous leur dirons plutôt : « N'achetez rien chez le commerçant qui laisse ses ouvriers dans la misère afin d'attirer les clients par le bon marché. » C'est là qu'une enquête est nécessaire et juste. C'est là qu'il faut distinguer entre les dignes et les indignes.

De cette manière, chacun a des milliers d'occasions de pratiquer la justice sociale et de l'aider à triompher. C'est surtout le travail des femmes, qu'il est si difficile d'orga-

---

(1) Consultez William Mackintire Salter, *Moralische Reden.* V. p. 76 et suiv. V. aussi le livre de Schmoller : *La Justice dans l'Economie politique* (*Die Gerechtigkeit in der Volkswirtschaft*).

niser au moyen de l'association, qui a besoin d'être protégé par les efforts de l'initiative individuelle, par l'opinion publique, par le progrès des mœurs et des usages. — Quant à la misère qui provient d'un dénument absolu et d'une entière impossibilité de travailler et qui exclut par suite tout effort du malheureux pour s'aider lui-même, elle réclame impérieusement, comme nous l'avons dit déjà, l'intervention de la bienfaisance dans le sens étroit et ordinaire du mot. Tout à l'heure il s'agissait, en secourant les hommes, de les faire travailler; il s'agit maintenant de les faire vivre. Il y a ici une distinction à faire qui exige de la réflexion, du discernement, souvent même une enquête. Une association s'acquittera toujours d'une pareille tâche plus facilement et plus sûrement que les individus. Qu'elle n'oublie jamais seulement que la question à se poser n'est pas celle de savoir quels sont ceux qui sont dignes de secours, mais ceux qui en ont besoin. Il ne faut jamais se demander si l'on donnera des secours, mais comment et sous quelle forme on les donnera. Et d'ailleurs, même dans ce cas, notre principe « aider autrui pour l'amener à s'aider lui-même », trouve encore dans une certaine mesure son application. Ces malheureux, dénués de tout et incapables de travailler, ont encore besoin d'être soutenus et relevés moralement. Mais c'est en eux-mêmes, en fin de compte, qu'ils doivent puiser la force, la résignation et la patience nécessaires pour supporter leurs maux.

Il y a ici un point où le socialisme réclame une forme d'assistance toute différente de l'assistance privée. Dans une famille, un membre malade ou infirme reçoit la même nourriture, le même vêtement, le même abri que les autres; il est même parfois l'objet d'une préférence. Eh bien! la solidarité et la fraternité humaines ne doivent-elles pas assurer aux affligés la même existence qu'à ceux qui sont capables de travailler et qui remplissent leurs devoirs envers la société? Il n'est pas ici question, remarquons-le, d'une charité. Le seul fait d'être homme, et non

pas la santé ou la force donne le droit d'être entretenu par
la nation, — sous cette réserve, bien entendu, qu'on a fait
ce qu'on a pu tant qu'on était capable de travailler[1]. — Ce
projet ressemble assez à une utopie. Le fond en est vrai
pourtant. Une saine réforme sociale doit aboutir nécessairement à imposer à la société, comme un devoir strict,
l'entretien de ses membres qui se trouvent dans l'impossibilité de travailler. Il est impossible que la vie de ces
hommes soit abandonnée aux hasards de la bienfaisance
privée. On voit encore toujours à Strasbourg des estropiés
mendier au coin des rues et jouer de l'orgue sur le seuil
des maisons. C'est un spectacle pénible et immoral. La
commune devrait sans contredit intervenir et se charger
d'eux. C'est l'idée juste et vraie dont s'est inspirée notre
loi allemande sur les invalides du travail et sur les assurances contre la vieillesse. Il est vrai que cette loi ne
s'applique pas à tous ceux qui sont incapables de travailler.
De plus, issue d'un régime social encore foncièrement
individualiste, elle est loin de répondre à l'idéal de la justice sociale. Elle ne fait pas toujours peser les charges sur
ceux qui devraient les supporter; elle ne réalise enfin que
très imparfaitement notre principe : « Aider autrui pour
l'amener à s'aider lui-même. » Aussi n'aura-t-elle pas une
influence aussi efficace et aussi bienfaisante qu'elle le devrait et le pourrait.

Mais, dira-t-on, si l'on établit une assistance socialisée
en faveur des pauvres et des misérables, quelle que soit la
forme que prenne cette assistance, si l'on supprime par
conséquent toute assistance privée, ne fera-t-on pas dispa-
raitre du même coup la sainte vertu de la charité et n'en
résultera-t-il pas un grave dommage, une lacune irréparable
dans la vie morale de l'humanité? A cette objection, je
répondrai une fois de plus que la bienfaisance ne consiste
pas exclusivement et avant tout dans une aumône ou un

(1) Cfr Bellamy, *Cent ans après*.

don gracieux en argent. — Un écrivain sacré dit, en
s'adressant aux riches : « Le salaire des ouvriers qui ont
moissonné votre terre et que vous leur retenez injustement
crie vengeance jusqu'au ciel. » (Jacques, 5, IV.) Et il
déclare encore que « celui qui visite dans leur affliction la
veuve et l'orphelin est celui qui est le plus agréable à
Dieu ». (1, 27.) — Ces deux passages me semblent ren-
fermer la réponse à la difficulté qui vient d'être soulevée.

Ce qui fait l'importance du devoir de combattre la pauvreté et de la faire disparaître de plus en plus d'entre
nous, c'est qu'elle est la grande source de l'immoralité et
du vice, la mère des fautes et des crimes de toute espèce.
L'esprit socialiste qui est au fond celui du christianisme a
trouvé son expression dans la fameuse formule : « Il est
difficile à un riche d'entrer dans le royaume des cieux. » Il y
a dans cette parole une grande part de vérité. La richesse
endurcit et resserre le cœur. L'heureux, le riche ne peut
se mettre à la place du pauvre et ne peut ainsi concevoir
pour lui aucun sentiment de pitié. L'avarice, la cupidité,
la luxure, la paresse, la hauteur dédaigneuse et brutale
sont les compagnes ordinaires de la richesse. Et d'autre
part la pauvreté a ses vertus propres et sa grandeur morale
particulière. Toutefois, qui oserait nier que l'extrême pauvreté et la misère noire ne soient le sol le plus favorable
pour l'éclosion des criminels, que ce sont elles qui livrent
l'homme à l'ivrognerie et la femme à la prostitution, qui
privent l'enfant d'éducation, d'instruction, de surveillance
et de bons exemples et qui le contraignent prématurément
à la mendicité hypocrite, aux petits larcins et même aux
vols? Qui niera de plus que la mauvaise action commise à
la première génération sous l'empire de la nécessité et du
besoin, passera dans les veines et dans le sang de la
seconde génération et qu'elle se produira spontanément et
naturellement? Qui niera enfin que, surtout dans nos
grandes villes, avec leurs révoltantes conditions d'habitation, la perversité et le vice entrent comme un élément

nécessaire et inévitable dans l'existence que l'on mène au fond de ces repaires de la misère? — Aussi la lutte contre la pauvreté n'est-elle pas moins un problème moral qu'un problème économique, elle n'est autre chose au fond que la lutte contre le vice et le mal. Ce n'est pas dans une dégénérescence pathologique du cerveau, comme le soutient aujourd'hui certaine école sentimentale de médecins et de légistes; c'est bien plutôt dans les conditions de l'existence au sein des grandes villes que le criminel peut trouver sa plus forte, quoique toujours incomplète excuse. Et les peines appliquées dans les prisons ou dans les maisons de correction sont, on le sait, à peu près complètement inefficaces pour l'amélioration des coupables. — Assurément, le rêve dont se bercent les socialistes, la disparition absolue des criminels dans la société de l'avenir, me paraît irréalisable. Néanmoins, je crois fermement et les statistiques criminelles des dernières années tendent à l'établir, qu'une répartition plus équitable de la richesse, la suppression de la misère et de la mendicité, la disparition de l'armée de réserve du capital qui arrivera enfin à s'élever au niveau des ouvriers instruits, enfin une amélioration générale dans les conditions de la vie de famille et de l'éducation des enfants, je crois enfin qu'une augmentation des heures de liberté de l'ouvrier et une augmentation de son salaire amèneront nécessairement une décroissance considérable dans le nombre des criminels.

Mais, dira-t-on, quelles sont les limites de la pauvreté? Où commencent les riches et où commencent les pauvres? Nous rencontrons ici la fameuse loi d'airain sur les salaires qui peut servir à définir la pauvreté. Cette loi est fausse, sous la forme générale qu'on lui a attribuée; et elle a été abandonnée et reniée, en tant que loi, par les démocrates socialistes mêmes. Nous savons aujourd'hui que, grâce en partie aux dispositions qu'on a prises pour organiser le travail, il est possible aux ouvriers instruits de

faire atteindre à leur salaire un niveau très supérieur à
celui du salaire-famine. La preuve que ces ouvriers ga-
gnent plus que le strict nécessaire, ce sont les sommes
considérables qui sont versées chaque année dans nos
caisses d'épargne par les classes ouvrières, c'est tout leur
régime de vie et en particulier ce sont les annonces de divertissements et de plaisirs qui remplissent la quatrième
page des journaux ouvriers. Par là est établi journellement
ce fait que le niveau du bien-être matériel s'est considérablement élevé dans ces classes. — La loi d'airain comportait
déjà de nombreuses exceptions à l'époque où Lassalle s'en fit
une arme de combat. Depuis, elle a cessé de pouvoir être
utilisée comme moyen d'agitation socialiste et ce résultat est
dû d'ailleurs au mouvement socialiste lui-même, ainsi qu'à
toutes les grèves qui ont réussi, dans ces dernières années,
à faire triompher les revendications ouvrières. — D'autre
part, il ne faut pas oublier que la loi d'airain subsiste et
s'applique encore dans toute sa rigueur à l'armée de réserve
du capital et qu'elle n'est pas pour cette classe une vaine
formule, mais une triste réalité. C'est là que règne en
maîtresse la plus noire misère. Et lorsqu'on considère les
conditions d'habitation de cette classe de travailleurs,
telles que nous les font connaître les rapports vraiment
révoltants qui nous parviennent de toutes les grandes villes,
on aperçoit une fois de plus, et avec une évidence effrayante, le rapport étroit qui existe entre la misère et l'immoralité. Il n'y a pas de loi d'airain, soit; mais il y a vraiment sur le front de ces malheureux un bandeau d'airain
qui intercepte pour eux la lumière du ciel et qui leur fait
courber la tête comme des bêtes vers le sol. Demanderons-
nous encore maintenant où sont les pauvres?

Par ailleurs, les idées de richesse et de pauvreté sont
toutes relatives. Ce n'est qu'à la limite extrême, inférieure
ou supérieure des conditions sociales, que l'on peut employer avec assurance ces qualifications. Dans les conditions moyennes, le même individu qui, vu d'en bas, paraîtra

aisé et même riche, ne sera plus qu'un pauvre quand on
le comparera aux gros capitalistes, aux dix mille privilégiés
du régime actuel. Nous-mêmes nous nous estimons riches
ou pauvres du jour au lendemain, suivant que les circonstances nous permettent de nous offrir ou nous forcent à
nous refuser un plaisir désiré. C'est ce que voulait dire
Bismarck quand il disait : « Avez-vous jamais vu un million-
naire content? » Nous nous comparons toujours à ceux qui
nous sont supérieurs, nous envisageons les avantages et
les plaisirs des plus riches, car au fur et à mesure que
nous devenons plus capables de satisfaire nos désirs, nos
exigences et nos besoins deviennent plus nombreux. De là
le sentiment de mécontentement et d'envie dont les hommes
peuvent rarement se dire exempts. A cela s'ajoutent, pour
différencier les conditions, les diversités individuelles qui
proviennent du tempérament, de l'éducation ou des habitudes. Celui-ci est naturellement résigné et ne souffre
nullement de la privation de certains biens. Plaisir, bien-
être, beauté, luxe, tout cela le laisse insensible. Celui-là,
au contraire, est un voluptueux, ami de la mollesse et des
délices. Un autre, nature exigeante et délicate, souffrira de
toute laideur et de tout désordre. Diogène le Cynique et
Aristippe, le fondateur de l'hédonisme, n'avaient pas seulement une philosophie opposée ; ils avaient aussi un tempérament et avaient reçu une éducation toute différente.
Saint Jean-Baptiste avait vécu de sauterelles et de miel
sauvage. Jésus, aux noces de Cana, veille à ce que les
hôtes ne manquent pas de vin et il permet à Marie de lui
oindre la tête et les pieds d'essences précieuses.

Nous voici amenés à dire quelques mots de la question
du luxe. Un prêtre suisse [1] a naguère consacré à ce sujet

(1) *Le Luxe, sa portée morale et sociale* (Der luxus nach
seiner sittlichen und sozialen Bedeutung); par C.-W. Kambli, de
Saint-Gall, 1890. Rapprochez de cet ouvrage Fr. Alb. Lange, *Die
arbeiterfrage. Ihre Bedeutung für Gegenwart und Zukunft*,
3° éd., 1875, notamment le ch. III, sur *le Bonheur et la Félicité*

un livre que je me suis empressé de lire et qui m'a causé
une certaine désillusion. La question y est trop morcelée
et trop envisagée par le détail. Ce livre m'a fait voir du
moins toute la difficulté et toute l'importance d'un problème qui en soulève immédiatement un autre plus grave
encore, celui de la nature du bonheur.

La question du Luxe est éminemment une question sociale. Au point de vue économique elle consiste à savoir
si le luxe est productif ou improductif ; au point de vue
moral, la question est de savoir si le luxe rentre dans la
catégorie des choses permises ; et cette question elle-même
en entraîne à sa suite une autre, celle de savoir s'il existe
des choses simplement permises, en d'autres termes des
choses qui ne sont ni bonnes ni mauvaises et qui sont
moralement indifférentes. J'ai essayé ailleurs de donner à
cette question une réponse dogmatique[1]. Je soutenais cette
idée que si l'ensemble de la vie psychologique d'un individu, son caractère, ses habitudes, sa conception générale
de la vie se révèlent dans chacun de ses actes, inversement chacun de ses actes réagit sur la personne tout entière, de sorte que l'on ne peut, en réalité, rien considérer
comme étant moralement indifférent.

Mais ces développements ne seraient pas ici à leur place
et ils exigent d'ailleurs plus d'espace. Nous nous borne-
rons donc au plus important et nous nous demanderons
d'abord ce que signifie exactement le mot « luxe ». Il me
semble que ce mot entraîne généralement un sens défavorable et implique l'idée d'un blâme s'appliquant à un
excès. Il peut s'agir d'abord d'un excès tout relatif à la
situation particulière de l'individu et aux ressources dont
il dispose, quand il dépasse ces ressources et qu'il tombe

(Glück und Glückseligkeit). J'attire aussi l'attention du lecteur
sur le ch. VII de ce livre : *Solution de la question ouvrière* (Von
der Lösung der Arbeiterfrage).

(1) Dans mon opuscule : *Sittliches Sein und sittliches Werden*,
85 et suiv.

ainsi sous le reproche de prodigalité. C'est, en effet, une
faute morale de dépenser plus qu'on n'a et qu'on ne peut;
car de la sorte on se fait tort et on fait tort aux autres et
l'on met en question pour l'avenir le nécessaire lui-même.
Mais, la plupart du temps, le blâme dont nous venons de
parler se fonde sur un critérium tout extérieur, je veux
dire sur le régime de vie qu'autorisent et qu'exigent les
usages et les conventions d'une condition sociale ou d'un
milieu donné. A vrai dire, il n'est pas toujours immoral
de sortir des limites prescrites par l'usage ; cette origina-
lité est parfaitement permise, à condition d'être fondée sur
une raison et un motif quelconque et non sur un pur ca-
price et une pure bizarrerie, reproche qu'on adresse effectivement parfois au luxe.

Mais le fait de heurter de front les habitudes de la classe
sociale à laquelle nous appartenons peut entraîner un autre
et plus grave inconvénient. Nous paraissons par là vouloir
dépasser les autres et par suite nous nous attirons leur envie.
Bien entendu, on ne peut être tenu de faire attention dans
sa conduite à tout ce que pensent les envieux et de prendre
leurs sentiments pour critérium de ce qu'on peut et de ce
qu'on ne peut pas faire. Pourtant on ne peut que louer
la pensée à laquelle obéissaient les riches bourgeois du
moyen âge qui voulaient que la façade de leur maison fût
aussi modeste que celle de leurs concitoyens plus pauvres
et qui reléguaient dans leurs appartements intérieurs les
décorations et les ornements d'architecture. Le luxe, en
effet, ne provoque pas seulement l'envie, mais encore une
émulation malsaine et dangereuse, même si l'on n'a pas
les moyens de rivaliser avec ceux qui donnent l'exemple
de l'ostentation. Il en résulte une lutte acharnée et comme
une concurrence de vanité qui élève facticement dans la
société ce niveau de la vie moyenne et qui compromet
l'existence même de cette société. Enfin, le luxe peut choquer le bon goût, il a souvent pour compagnons l'excès, la
surcharge, l'exagération, le raffinement et le maniérisme.

Ce manque de mesure trahit toujours plus ou moins un manque de goût et de sens esthétique, un défaut de tact et de finesse qui est l'indice certain d'une grossièreté native, d'un esprit obtus et d'une nature moralement très imparfaite. Notre vie sociale et nos relations mondaines laissent beaucoup à désirer à ce point de vue et ne se distinguent que par une affection et une pose aussi répréhensibles au point de vue critique qu'au point de vue moral. Et si ceux qui sont exclus de cette prétendue vie de plaisirs savaient tout l'ennui et tout le vide qu'elle dissimule, ils se garderaient bien de nous l'envier.

Mais supposons écartées de l'idée du luxe ces interprétations défavorables qui ne lui sont pas nécessairement inhérentes ; supposons que le luxe ne constitue ni un danger pour la situation et pour l'avenir de l'individu, ni une cause de scandale, ni une occasion de rivalités immorales entre les personnes appartenant à la même condition. Supposons au contraire qu'il ne fasse que favoriser chez tous le développement du sens esthétique en leur mettant sous les yeux des spectacles propres à élever l'esprit et le cœur, alors nous pourrons et nous devrons dire que le luxe est un bienfait et qu'il doit être le bienvenu parmi nous. Sans doute il peut se présenter des cas douteux et où la mesure à garder sera incertaine. Nous n'avons pas d'étalon absolu pour mesurer et déterminer rigoureusement le devoir ; nous en sommes réduits à décider à nouveau, dans chaque circonstance particulière, de ce qui est permis et de ce qui ne l'est pas, de ce qui convient ou non et de ce qui est réclamé par les exigences de notre milieu social. — Quoi qu'il en soit, je suis persuadé que le culte de la beauté, de l'art et de la grâce fait partie non seulement de nos droits mais encore de nos devoirs. Aussi suis-je tout disposé à me ranger à l'opinion de ceux qui voudraient procurer au peuple non seulement la satisfaction de ses besoins matériels, mais encore une participation de plus en plus large aux biens idéaux de notre civilisation et de notre culture intellec-

tuelle. Pour cela il faut à l'ouvrier, j'en reviens toujours là,
plus de loisirs et un salaire plus élevé. Sur ce point l'État
ne fait pas tout ce qu'il pourrait et tout ce qu'il devrait.
Dans la dispensation des plaisirs artistiques, il pense peut-
être trop exclusivement aux classes privilégiées et il
semble oublier que la masse du peuple réclame elle aussi
des jouissances élevées. De même nos écoles oublient
trop un de leurs devoirs qui est de préparer les enfants à
goûter les nobles joies de l'art et de la beauté.

Mais, dira-t-on, ces joies font-elles généralement et nécessairement partie de la vie ? Cette culture constitue-t-elle
une partie intégrante du bonheur humain ! Nous sommes
ainsi amenés finalement à cette question essentielle : qu'est-
ce que le bonheur[1] ?

On reproche souvent aux socialistes de se faire une
conception fausse et inférieure de la vie humaine ainsi
que de ses devoirs, de son but, de ses joies et de ses dernières et plus hautes satisfactions. Et certes ce reproche
peut paraître parfois fondé. J'ai déjà dit que le but des
préoccupations des socialistes est le bien-être de l'humanité et non son amélioration morale, son bien matériel
et non son bien moral. J'ai dit aussi que le socialisme
abritait souvent les pires passions humaines, l'envie et
la haine, la convoitise et la basse avidité. — Il me semble
d'autre part, comme je l'ai dit également, que les adversaires du socialisme ne se font pas en général de la vie
humaine une conception plus élevée et plus vraie au
point de vue moral. Aussi suis-je parfois disposé à me
mettre du côté des socialistes et à les défendre contre

---

(1) La question de la nature du Bonheur a préoccupé tout spécialement nos contemporains. Signalons deux ouvrages récemment parus sur ce sujet : Ad. Schäffer, *Was ist das Glück? Oder
Entwurf einer rationnellen Apologie de Christentums.* et Prof.
Dr C. Hilty, *Glück*, 2e éd., 1891. Le chapitre premier du livre de
M. Hilty qui traite de l'*Art de travailler* est surtout intéressant à
consulter.

les attaques exagérées ou injustes dont ils sont l'objet.

J'ai dit plus haut qu'une profonde misère était pour l'homme un grand malheur surtout parce qu'elle lui rend difficile sinon impossible tout progrès et toute amélioration morale. Un philosophe de l'antiquité demandait si l'on pourrait qualifier d'heureux un homme qui aurait la destinée d'un Priam ou, comme nous dirions aujourd'hui, d'un Job. Nous pouvons nous poser encore la même question ; mais quelle qu'en doive être la solution, je m'en tiens à l'idée que j'ai déjà exprimée : c'est qu'il n'est pas nécessaire pour l'homme d'être heureux ; mais qu'en revanche il est absolument nécessaire pour lui d'être honnête et fidèle au devoir [1].

Le bonheur implique deux sortes d'éléments, les uns intérieurs, les autres extérieurs à la personnalité. Les stoïciens et leurs disciples modernes qui se plaisent à se draper de la vertu stoïcienne renient et rejettent dédaigneusement le second élément. Les socialistes, au contraire, sont assez disposés à s'en contenter. Ils appliquent ici leur grand principe qui veut que la vie intérieure de l'individu se règle et s'organise d'après un ordre tout extérieur imposé du dehors par la société. C'est pourquoi ils nous promettent que nous aurons le ciel sur la terre le jour où l'organisation sociale sera modifiée conformément à leurs vœux.

Mais le problème n'est pas aussi simple que se l'imaginent les socialistes. Sans doute il est impossible d'identifier la moralité et le bonheur. Ces deux choses peuvent

(1) Th. Ziegler, ouvrage cité, p. 111. Un M. D..., dans la *Litterarische Centralblatt*, qualifie cette phrase « d'affirmation arbitraire » incapable de désarmer le scepticisme éthique. Il ne donne aucune raison pour justifier cette condamnation. Aussi, je m'en tiens à cette idée, dût M. D... trouver insuffisamment démontrée à cet égard, ma conclusion. Je pense que pour tout esprit qui n'est pas aveuglé par le pessimisme de Schopenhauer, la légitimité de cette conclusion apparaîtra d'elle-même comme une conséquence naturelle des lois de la nature et de la vie humaine.

même être en opposition, surtout si l'on met au nombre des conditions nécessaires du bonheur, comme le font le sens commun et le langage, les faveurs du hasard et de la fortune. Néanmoins, on ne peut nier que la moralité ne soit une condition nécessaire du bonheur. Elle est une arme de premier ordre dans la lutte pour l'existence, une condition de réussite dans la carrière que l'on a choisie ; elle facilite les relations entre les hommes et contribue, sous la forme des vertus d'économie et de probité, un moyen presque infaillible de parvenir. Ainsi, la moralité, produit de la société, trouve dans la société même sa récompense et du moins telle est la règle. En second lieu, elle nous donne à un haut degré le sentiment de la santé et de l'harmonie sociale : elle resserre les liens qui unissent l'individu à ses semblables ; elle seule établit ces bonnes solutions sociales qui ne peuvent être l'œuvre que d'hommes honnêtes, bons et sincèrement attachés à la moralité.

Toutefois, la moralité ne suffit pas à elle seule à constituer le bonheur. Un homme peut, avec la conscience la plus droite, se sentir malheureux et se voir forcé par les circonstances de briser les liens qui le rattachent à son milieu social et qui sont pour cette raison si solides et si puissants. Chacun sait par expérience — car dans les choses morales, il faut toujours en revenir au sentiment et à l'expérience propre de l'individu, — chacun, dis-je, a éprouvé par expérience, combien est cruelle une offense imméritée. Les conflits entre l'honneur et le devoir ne sont si pénibles que parce qu'ils nous contraignent au nom du devoir à rompre les liens qui nous rattachent à la vie sociale. En réalité donc, l'honnête homme, l'homme attaché au devoir n'est pas toujours et nécessairement heureux. Le meilleur même n'échappe pas à cette loi.

Mais faut-il nécessairement que l'homme soit heureux ? — A vrai dire, je n'en vois pas la nécessité ; car je sais que tant d'hommes ne sont et ne seront pas réellement heureux. Et pourtant l'homme aspire au bonheur ; les instincts de notre nature le veulent ainsi, puisqu'ils tendent à écarter de nous ce qui fait obstacle à nos désirs. — Gardons-nous toutefois d'une confusion que l'on commet souvent. — L'homme veut être heureux ; il ne peut faire autrement que de le vouloir et il a par là même le droit de le vouloir. Mais cela ne veut pas dire qu'il doive nécessairement être heureux, ni qu'il ait le droit de vouloir l'être à tout prix. En d'autres termes, il ne peut et ne doit l'être que s'il remplit la première et indispensable condition du bonheur : la moralité. C'est pourquoi Schiller a tort de dire :

« L'homme n'a le choix qu'entre le bonheur des passions et la paix de l'âme. » La vérité est que sans la paix de l'âme, le bonheur des passions n'est pas un véritable bonheur. Aussi, pouvons-nous poser en principe que la moralité est le premier but que l'homme doit s'efforcer d'atteindre, le bonheur ne vient qu'après.

La plupart du temps, bonheur et moralité ne se séparent pas. Mais quand ils sont en conflit, c'est la moralité qui doit avoir le dernier mot. Car la moralité et la bonté donnent seules la paix de l'âme et la bonne conscience qui, si elles ne suffisent pas à elles seules, à constituer le bonheur, en sont du moins les conditions indispensables.

Nous pouvons répondre ici à la question de savoir ce qu'il faut entendre exactement par cet esprit social dont nous avons souvent parlé. Si l'on ne voit dans l'eudémonisme qu'un principe moral, ayant pour fin unique la jouissance du moment et le bonheur individuel, il faut le condamner sans réserve. Car un tel principe moral me met en conflit avec les autres hommes. Il m'isole et me sépare de mes semblables. — Et pourtant, je suis uni à l'humanité tout entière par une communauté de nature, de vie, de sentiments et de pensées. Comment pourrai-je être heureux quand les autres souffrent autour de moi ? Comment ce qui fait leur malheur pourrait-il faire mon bonheur ? Mon existence individuelle est si étroitement attachée à celle de la société qui m'entoure, que tout ce qui lui est favorable m'est favorable également et que si elle vient à souffrir, une partie de ses souffrances retombe nécessairement sur moi. La loi qui nous unit tous, les uns aux autres, n'est donc autre que celle de notre intérêt commun. L'intérêt général — le plus grand bonheur pour le plus nombre — le souverain bien — ce sont là trois expressions différentes d'un même principe. Ce souverain bien ne doit pas être placé dans l'individu, mais en dehors de lui, dans ces grandes œuvres collectives, dans ces grands résultats sociaux auxquels l'individu doit collaborer, mais sur lesquels il a aussi le droit de prélever sa part de bénéfices. De plus, le souverain bien ne sera jamais, pour l'humanité, une propriété stable et assurée, un bien définitivement acquis ; il est plutôt un idéal qui n'est jamais réalisé et que chaque individu, même le plus humble, doit s'efforcer de faire triompher. Là est la source démocratique des forces morales qui fonderont le règne du bien. Car notre morale est une morale qui s'adresse à tous et non une morale de grands seigneurs.

Nous trouvons ici la grande contradiction, l'éternelle antinomie qu'aucun Dieu, ni qu'aucun miracle, ne feront disparaître : l'antinomie de l'individu et de la collectivité, du bonheur et de la moralité. D'une part, l'individu par sa nature même tend au bonheur et c'est là pour lui un droit absolu. — D'autre part, le devoir social lui prescrit de sacrifier ce bonheur au bien de ses semblables.

Ce qu'il y a de cruel dans cette antinomie se fait sentir dans toute sa force dans la vie pratique. Toutefois, elle paraîtra moins douloureuse, si l'on réfléchit que le devoir social n'exige pas nécessairement, que nous nous immolions sans cesse et dans toutes les circonstances. En se dévouant joyeusement au service de la collectivité, en accommodant sa vie individuelle aux exigences de l'existence sociale, en accomplissant bravement et fidèlement son devoir dans sa sphère d'action, on ne fait en définitive que sauvegarder de la meilleure manière ses propres intérêts. Au contraire, se séparer de ses semblables, et vouloir brutalement faire triompher sa propre personnalité au détriment de celles des autres, c'est ce qui constitue proprement l'égoïsme et la méchanceté. Mais la méchanceté isole l'homme et c'est pourquoi le méchant, même au sein de son bonheur extérieur et apparent, ne possède pas la vraie félicité. Car la vie de celui qui se sent seul est nécessairement vide et triste. Tel est l'ordre des choses, tel qu'il résulte non d'une loi extérieure et transcendante, mais de l'essence même de l'homme et de la société humaine. Tel est le fondement sur lequel repose la foi optimiste au triomphe du bien. Le triomphe du bien, toutefois, ne sera jamais définitif et achevé ; mais il devra se confirmer tous les jours à nouveau par la lutte et par l'effort, tant qu'il y aura des hommes et une histoire.

Si l'on trouve que ces conclusions manquent de fondement, je renvoie le lecteur à la démonstration que j'ai essayé d'en donner dans mon livre : *Sittliches Sein nud Sittliches Werden.* — Peut-être, en présence de toutes les difficultés et de toutes les contradictions que soulève la question morale, trouvera-t-on cette solution trop simple ? Je crois pourtant qu'elle suffit pour établir que si l'homme moral n'est pas toujours et nécessairement heureux, du moins celui qui veut être heureux doit commencer par être moral, et que par suite, dans l'humanité, le bonheur est après tout en raison de la moralité. Car faire le bien, c'est précisément travailler au bien-être et au bonheur de tous.

Des esprits superficiels se moqueront peut-être de cette croyance à l'union intime du bien et du bonheur et la traiteront de conte à l'usage des enfants. Je leur répondrai qu'ils prouvent ainsi seulement qu'ils ne sont eux-mêmes ni bons, ni heureux.

CHAPITRE VII

LA QUESTION DE LA SURPOPULATION

A la fin de la dogmatique chrétienne on fait une place à un chapitre spécial intitulé eschatologie ou *des choses dernières*, où l'on essaie de donner quelques aperçus sur une vie future sur laquelle pourtant nous n'avons aucune donnée positive. De même beaucoup d'ouvrages socialistes, se terminant par une sorte d'eschatologie sociale, c'est-à-dire par des considérations sur un avenir plus ou moins lointain sur lequel notre expérience actuelle ne peut en aucune façon nous renseigner. Mais comme cette question a été souvent soulevée et qu'elle est encore à l'ordre du jour, comme de plus elle peut nous fournir un point de départ pour porter un jugement au point de vue moral sur certains phénomènes sociaux du temps présent, je ne puis entièrement la passer sous silence. Il s'agit de la question de la surpopulation.

Voici le problème, dans lequel se présente tout de suite à nous une antinomie essentielle. L'accroissement de la population est regardé comme un signe de santé pour un peuple ; une population en décroissance ou même une population stationnaire, est regardée, au contraire, comme une preuve d'affaiblissement et de décadence.

Nous sommes fiers en Allemagne de l'augmentation constante du chiffre de notre population. En France le fait inverse est regardé comme une calamité nationale. Mais aussitôt que cet accroissement prend certaines proportions ou lorsque nous essayons de nous représenter ce qui arrivera dans cent ou deux cents ans, alors, en présence de cette accélération, nous éprouvons une soudaine frayeur et nous évoquons le spectre menaçant de surpopulation. En Chine, en Belgique, en Saxe, la même question se pose. Car l'accroissement de la population chez un peuple rend nécessaire un accroissement correspondant de la quantité des moyens de subsistance. En est-il ainsi en réalité ?

Nous rappellerons ici la loi de Malthus. La population tend à s'accroître en progression géométrique, tandis que les moyens de subsistance ne s'accroissent qu'en proportion arithmétique. Par exemple, la population croissant suivant la progression 2 : 4 : 8 : 16, etc., les moyens de subsistance s'accroissent suivant la progression 2, 3, 4, 5, etc. — A vrai dire, l'exactitude mathématique de cette proportion n'a jamais été démontrée; on n'a pas constaté non plus que l'humanité doublât régulièrement tous les vingt-cinq ans. Au temps de Malthus il n'y avait pas de statistiques suffisantes pour établir des données numériques de ce genre : et aujourd'hui encore ces statistiques font défaut, notamment en ce qui concerne l'accroissement des moyens de subsistance ou comme nous disons aujourd'hui, le *Revenu de la population* [1] (Volkseinkommen).

Mais, à part beaucoup de points faibles dans le détail, la doctrine de Malthus renferme cette vérité que la population croît plus vite que les moyens de subsistance. L'instinct sexuel, le plus puissant des instincts humains, nous pousse à un accroissement démesuré de la population et par là se met en conflit avec les autres besoins de la nature humaine. La faim et l'amour, passé une certaine limite, entrent nécessairement en antagonisme.

Comment maintenant cette loi ou plutôt ce fait se rap-

---

(1) Sur cette question, Gustav Rümelin, *Discours et Traités*, t. I, *Ueber die Malthus'schen Lehren*; t. II, *Zur Ubervölkerungsfrage*, 1878 et 1881. — Cf. aussi les conclusions de Henri George et de Flürscheim (*op. cit.*) sur cette question.

porte-t-il à la question sociale ? Le voici. Sur le terrain de
notre organisation sociale actuelle, cette loi a pour conséquences l'existence de l'armée de réserve du capital et le
maintien nécessaire de la loi d'airain, au moins en tant qu'elle
s'applique aux dernières couches sociales. Là est aussi l'o-
rigine de la question du monopole agraire. Car le monopole
actuellement existant empêche une exploitation rationnelle
et intensive de la terre et de ses ressources et n'attribue
à la majeure partie de la population qu'une part minime
des fruits du travail consacré à la production. Enfin,
disent les défenseurs de notre organisation actuelle, c'est
sur cette proportion entre le chiffre de la population et
l'accroissement de ses revenus que repose l'instinct toujours éveillé, l'effort incessant de l'humanité vers une amélioration progressive des conditions de la vie. Le conflit
entre l'amour et la faim fait partie ainsi « de ces fermenta-
tions normales, de ces agitations nécessaires par lesquelles
les peuples sont ébranlés, éprouvés et transformés, et par
lesquelles l'humanité est poussée sans cesse et sans trêve
vers des voies nouvelles ».

Mais la question a une seconde face. Cette loi de Malthus que nous pouvons adopter en laissant de côté sa formule mathématique qui est insoutenable, cette loi de Malthus, dis-je, va devenir redoutable pour les utopies
socialistes. Dans notre monde actuel, la misère et le besoin, la faim et le crime, les fléaux et les guerres déciment
l'humanité, et opposent à la surpopulation un obstacle permanent et la conjurent brutalement par des catastrophes
violentes. Mais comment les choses se passeront-elles dans
le futur état socialiste où les hommes vivront dans des
conditions plus salubres et où le besoin et la guerre, les
principaux ennemis de la race humaine, disparaîtront ?
Après la suppression de tous les obstacles et de toutes les
entraves naturelles, l'accroissement de la population ne
deviendra-t-il pas tout à fait rapide et excessif ? Et alors ?
Alors, sur la terre ainsi surpeuplée, la faim poussera les

hommes à une lutte sauvage et désespérée; l'idylle de l'éternelle paix sombrera dans cette guerre de tous contre tous. Telle sera la conclusion ou plutôt la renaissance de l'antique lutte entre l'amour et la faim.

On voit que tout cela est très plausible et on comprend par conséquent combien doit être gênante pour les socialistes la théorie du vieux Malthus. On a beau traiter son livre de plagiat superficiel, et de déclamation, dire qu'il ne contient pas une pensée personnelle, tout cela ne prouve rien pour le fond des choses. Aussi Bebel a-t-il dû se décider à envisager en face la difficulté [1]. Il l'a traitée et résolue avec un optimisme que Schopenhauer aurait qualifié d'impie. Il semble en effet qu'il se soit inspiré surtout de la solution qu'avait déjà émise Rümelin en 1875, mais en négligeant les « mais » que ce dernier avait ajoutés à cette solution. Voici le passage de Rümelin [2]. « On peut dire qu'il n'y a pas à s'inquiéter. Là où un petit cerveau n'entrevoit pas d'issue, la solution se présente tout de même. On peut démontrer qu'il y a deux cents ans les chiffres actuels de la population eussent paru tout aussi impossibles. On peut compter sur des possibilités indéterminées, sur des découvertes chimiques, sur des inventions industrielles, sur les conséquences impossibles à prévoir d'une transformation croissante de l'univers. On peut imaginer que l'air deviendra un aliment, qu'on s'éclairera et qu'on se chauffera avec l'hydrogène, que les forêts seront plantées d'arbres fruitiers et produiront des champignons comestibles, que l'horticulture prendra la place de l'agriculture et que l'on récoltera deux ou plusieurs moissons par an au lieu d'une, etc. »

Si utopiques que soient ces considérations, elles renferment une vérité. C'est qu'il n'y a pas à s'inquiéter. La

(1) Bebel. *La Femme*, dans le chapitre : *Population et surpopulation*, p. 350 et suiv.

(2) Rümelin, *op. cit.*, t. I, p. 328.

terre a encore de la place pour tous et les moyens de subsistance ne font pas encore défaut à ses habitants. Ce n'est qu'à un point de vue local qu'il peut être question de surpopulation. Aussi est-on pleinement en droit de répondre à une hypothèse par une autre hypothèse et de renvoyer la question à un avenir éloigné. C'est pourquoi je ne puis donner tort à Hertzka dont l'opinion est très optimiste[1] : « Provisoirement, dit-il, et pour des siècles encore il faut admettre que la facilité de satisfaire les besoins, l'élévation moyenne du bien-être s'accroîtra d'autant plus rapidement que la population sera plus dense. Par conséquent ce serait tout simplement méconnaître les devoirs immédiats de l'humanité que de prendre dès maintenant des précautions pour parer au développement de la population qui sera encore utile et par conséquent nécessaire pendant une longue suite de générations. Chaque époque a ses devoirs spéciaux à l'accomplissement desquels elle doit se limiter ; sans doute il est sage et nécessaire de se préoccuper de l'avenir ; mais c'est à la double condition d'abord de ne pas négliger les besoins du présent et de l'avenir immédiat ; et ensuite d'être à même de pouvoir prendre des mesures en vue de cet avenir plus lointain qu'on suppose connu dans toutes les phases de son développement. Or, ce n'est pas le cas pour ce qu'on appelle la politique de la population [*Bevölkerungs-politik*]. Nous ne pouvons aujourd'hui entraver la population future sans agir contre les intérêts de l'avenir immédiat et d'autre part il est absolument inutile de nous charger de ce soin à la place des générations futures qui comprendront mieux que les générations présentes ce qui leur est nécessaire et qui aviseront au moyen de résoudre ces problèmes — leurs problèmes — sans notre secours. Il est hors de doute

---

(1) Th. Hertzka. *Die Gesetze der sozialen Entwickelung*. Le premier chapitre du second volume traite de la surpopulation. Le passage cité se trouve page 188 et suiv.

que dans quelques siècles nos descendants trouveront d'autant plus facilement la politique de la population réclamée par leurs besoins et leur situation, que nous aurons, nous, moins essayé de résoudre la question. Il leur sera d'autant plus facile de trouver cette solution, qu'ils seront arrivés à une culture intellectuelle plus élevée et cette culture sera d'autant plus avancée qu'on aura pris plus de soin d'écarter tout ce qui pouvait lui porter obstacle. Chaque génération remplit ses devoirs envers l'avenir d'autant plus loyalement, d'autant plus fructueusement qu'elle étend davantage les trésors de culture reçus de ses devanciers. »

Mais la question de la population a un second côté, le côté moral qui se rattache aux problèmes moraux du temps présent et par conséquent nous ne pouvons pas le passer sous silence. Non seulement on pourrait tâcher d'élever le niveau des moyens de subsistance au niveau de l'accroissement de la population, et conjurer ainsi le danger, mais on pourrait aussi songer à enrayer directement la surpopulation. Malthus a proposé comme moyens préventifs contre un accroissement excessif des naissances dans la mesure où ces moyens dépendent de la volonté et de l'action humaine, d'une part la contrainte morale, d'autre part la prostitution, l'avortement, etc. Ces problèmes préoccupent d'ailleurs depuis Platon tous les écrivains socialistes.

Dans l'Etat futur, c'est ainsi que maintenant se pose la question, dans l'État futur où la misère, la guerre et la faim cesseront de décimer les hommes, ne sera-t-on pas obligé de recourir à de tels moyens pour limiter les naissances et régulariser le mouvement de la population? — Bebel conteste cette nécessité. D'après l'expérience, dit-il, la population s'accroît le plus rapidement là où elle est le plus misérable; puis invoquant une parole de Virchow, il donne comme raison de ce fait que le plaisir sexuel est avec la boisson le seul plaisir des pauvres gens. C'est presque dans ces termes que pendant la famine de 1847,

un maire rural répondit au défunt roi Guillaume de Wurtemberg qui reprochait au peuple d'avoir trop d'enfants.
Mais quand Bebel en conclut que « l'accroissement de la
population dépend essentiellement du genre de nourriture » et quand il croit « en conséquence qu'en réglemen-
tant ce dernier on réglementerait du même coup le mouvement de la population », nous retombons encore une
fois ici dans l'utopie. Nous ne savons rien sur cette prétendue relation, sur cette prétendue « loi de la nature ».
Et par conséquent le cri de triomphe que pousse ici Bebel
« le socialisme, c'est la science appliquée avec une pleine
conscience et une pleine connaissance à tous les domaines
de l'activité humaine » ce cri de triomphe, dis-je, n'est nulle
part plus déplacé qu'en cet endroit où il ne nous présente qu'une vague hypothèse. Ajoutons que cette pseudo-
définition du socialisme est parfaitement obscure et ne
nous renseigne nullement sur ce qu'est réellement le
socialisme.

Mais laissons-là Bebel. Hertzka examine plus sérieusement la question. Voici la difficulté qu'il se propose : La
réforme sociale qui veut faire dépendre le revenu non de
la propriété, mais du travail, ne supprimera-t-elle pas la
solidarité qui de nos jours unit l'intérêt particulier et
l'intérêt général dans cette question de l'accroissement
de la population ? — Aujourd'hui les pères de famille ne
laisseront pas s'accroître leur famille d'une façon excessive, parce qu'autrement leurs enfants, insuffisamment
pourvus, courent le risque de tomber dans le prolétariat.
Mais supposons que le travail suffise à procurer à l'individu un revenu convenable, la surpopulation n'en restera
pas moins un danger ; mais l'individu n'aura plus de raison
de s'inquiéter d'un mouvement auquel il ne contribuera
que dans une mesure insensible ; car il serait téméraire
de compter sur le souci de l'intérêt général pour remplir
un rôle que l'égoïsme n'a rempli jusqu'ici que d'une manière très incomplète et très imparfaite. Le remède

qu'Hertzka propose contre ce danger est très simple. — Dans la société de l'avenir, dit-il, l'éducation sera la même pour tous, approfondie et étendue ; les charges et les frais de cette éducation seront aussi considérablement plus grands qu'ils ne le sont aujourd'hui pour les classes ouvrières. Supposons maintenant qu'un accroissement de la population devienne nécessaire. La société supprimera à propos les obstacles que cet accroissement rencontre dans les charges de l'éducation. Au contraire, la société veut-elle arrêter cet accroissement, elle rejettera la plus grande partie des charges de l'éducation sur les parents. Elle aura ainsi un moyen équitable et rationnel de régler l'accroissement de la population d'après ses besoins, de l'accélérer ou de l'arrêter. Hertzka oublie seulement une troisième hypothèse qui est également possible : c'est que le jour où l'on voudra enrayer l'accroissement de la population, les parents ne réduisent au minimum la charge qui leur sera imposée et, tout en ayant un aussi grand nombre d'enfants que par le passé, ne les élèvent très mal. Or, c'est là une éventualité qui serait contraire au plus haut point aux intérêts de l'État et à laquelle il ne doit pas s'exposer.

Ce projet d'Hertzka indique un genre de solution que l'on peut discuter un instant. Cette solution consiste à attribuer à l'État un droit d'intervention dans la question de l'accroissement de la population. Il ne faut pas se hâter de la rejeter sans examen. Ce ne sont pas seulement des utopistes comme Platon qui ont attribué une pareille fonction à l'État; en fait, ce droit a été reconnu et appliqué dans la législation de certains États qui interdisent la recherche de la paternité ou qui subordonnent à certaines conditions la conclusion des mariages. Mais il faut avouer d'autre part que ces obstacles que la loi impose au mariage et en général tous les empiétements de l'État sur un terrain aussi intime et personnel, ne peuvent manquer de produire une vive répulsion et d'apparaître comme un attentat particulièrement grossier et insupportable à la liberté individuelle. C'est pourquoi il serait à souhaiter que la contrainte, dans les cas où elle est nécessaire, vînt de l'individu lui-même.

Mais ici nous nous heurtons à des difficultés de toutes sortes. On sait qu'en France domine le système qui consiste à se borner à deux enfants et l'on sait aussi comment en Allemagne on apprécie d'habitude cette manière de faire. Déjà Rümelin[1] a insisté sur « notre orgueil pharisaïque injustifiable ». Chez nous les enfants meurent, la première année, dans une proportion de plus de 10 p. 100.. « Les causes de cette mortalité, dit Rümelin, ne doivent pas être cherchées ailleurs que dans les fautes des parents, par action ou par omission, dans leurs mauvaises mœurs, dans leur imprévoyance, dans l'inintelligence et la coupable négligence avec laquelle ils traitent la vie de l'enfant. » Il appelle ce fléau social « le culte moderne de Moloch » et il voit en lui « une des flétrissures les plus odieuses de nos mœurs allemandes ». Nous en sommes restés ici encore à l'antique conception de l'Ancien Testament qui attachait une valeur inappréciable à une famille aussi nombreuse que possible. Mais cette conception était le fruit d'une situation sociale beaucoup plus simple que celle de notre société moderne. Elle doit provoquer aujourd'hui la défiance d'abord au nom de la prudence et de l'intérêt de ceux qui possèdent. Cette défiance toutefois n'est pas exclusivement égoïste, parce qu'elle ne procède pas seulement d'une préoccupation d'intérêt personnel, mais encore d'une pensée de prévoyance à l'égard du sort des enfants et par conséquent d'un sentiment de sollicitude pour l'intérêt général de la famille.

A ce point de vue la contrainte morale de Malthus apparaît comme un devoir. On doit se rappeler qu'il existe des devoirs envers les enfants qui ne sont pas nés et se con-

_____

(1) Rümelin, _op. cit._, t. I, p. 330 et suiv.

vaincre qu'on n'a le droit de mettre au monde des enfants
qu'autant qu'on a la certitude assurée d'être en état de les
élever et de les garder vivants dans les conditions normales, de leur donner une éducation, de les seconder
suffisamment dans leur avenir, de les mettre en état de se
suffire à eux-mêmes et par conséquent de ne pas être
obligé de laisser à la société la charge de leur éducation
et de leur entretien. Il reste encore sans doute bien de
l'imprévu; mais dans tous ces actes l'homme n'est tenu de
compter qu'avec les conséquences qu'il peut regarder
comme les plus vraisemblables. S'il oublie ce devoir, il
est coupable de négligence et d'imprévoyance. Mais s'il a
fait son possible pour prendre toutes les précautions qui
dépendent de lui, il peut avec tranquillité plonger la main
dans l'urne du destin, même au risque de tirer un mauvais billet.

Ces calculs de prudence sont bien plus faciles lorsque
chacun doit compter avec sa propriété et son revenu per-
sonnels. Un certain esprit de famille, disons même un certain égoïsme familial contribuent à faire triompher la prévoyance de l'instinct aveugle et des entraînements de la
passion brutale. La pensée de l'intérêt de la collectivité ne
peut exercer ici une action suffisamment efficace. Dans
l'État socialiste où ces considérations égoïstes doivent disparaître, il est douteux qu'on arrive à imposer aux hommes
ce devoir de prévoyance au nom de la société. L'individu,
en effet, n'aura que très difficilement conscience du mouvement exact de la population et il pourra toujours se
rassurer en disant : « Cela n'a pas une grande conséquence
pour moi personnellement. » — Nous pouvons redire ici
ce que nous avons dit à propos du cosmopolitisme. La
pensée de l'intérêt de la collectivité, est trop vaste et trop
vague pour avoir jamais chance de triompher dans un
combat contre le plus puissant des instincts humains,
l'incoercible Eros, toujours victorieux. — C'est pourquoi
Hertzka est forcé, sur ce point, de donner au futur État

socialiste le droit de se transformer au besoin et de revenir, si cela est nécessaire, au régime individualiste ; car le passage de lui que nous avons cité semble tendre à cette conclusion. —C'est pourquoi encore Bebel doit accorder ici à l'État des droits qui rappellent certaines thèses de Platon qui m'ont toujours paru ce qu'il y a de plus choquant dans son traité de la République. — Quant à Rümelin, il songe à rétablir certaines restrictions pour les mariages ; mais il ne peut se dissimuler que le nombre des naissances illégitimes augmenterait par là même et que la prostitution se développerait encore plus.

Il n'y a, à mes yeux, qu'un remède : l'éducation morale. Pour le moment, il me semble qu'on pourra dire pendant longtemps encore qu'il n'y a pas à s'inquiéter. La surpopulation ne menace pas encore la terre en général. Là où elle existe, elle n'est qu'un malaise local auquel il faut remédier par d'autres mesures que la restriction légale des mariages et des naissances. Et ces mesures, il est aisé de les trouver. Qu'on songe à la facilité avec laquelle il est possible de transporter les denrées alimentaires et à une politique de colonisation bien comprise et poursuivie dans ce but. — Mais aussi comme on ne peut se dissimuler les dangers dont nous menace dans un avenir plus éloigné la possibilité d'une surpopulation, on a le droit et le devoir de rappeler aux hommes une vérité qui est d'une application pratique dans les conditions actuelles de la société. Cette vérité, c'est qu'on a des devoirs envers les enfants qui ne sont pas nés et que pour les hommes vivant en société, le fait d'engendrer des enfants n'est pas un droit naturel, sans limites et sans restriction, et échappant à la direction de l'intelligence.

Autrefois on exposait les enfants quand on en avait trop ou on les tuait, comme cela se fait encore aujourd'hui en Chine. Il n'est pas besoin de dire que ce sont là des crimes. En d'autres temps on a recommandé l'avortement et dans un cas récent en France des voix se sont élevées pour demander l'impunité. Mais il y a là un tort si manifeste de la part de la mère qu'on ne verra jamais dans une pareille pratique qu'une odieuse immoralité et un crime que l'État a le droit et le devoir de punir. Il ne reste donc ici d'autre solution que la contrainte morale (moral restreint) qui ne doit pas être nécessairement identique à l'abstention ascétique. Il est inutile d'insister davantage, d'autant plus que sur cette question nos vues hygiéniques, esthétiques et morales sont encore loin de s'accorder. Ce qui subsiste, ce qui est le plus important, c'est de reconnaître que là aussi, il y a des devoirs.

Le dire bien haut, c'est aussi un devoir. Il est vrai que ce n'est pas un devoir aisé ni qui doive attirer de la reconnaissance ni même qui puisse espérer d'être bien compris.

CONCLUSION

Je doute fort d'avoir épuisé toutes les considérations qui peuvent être faites par un moraliste sur la question sociale. Le problème que je me suis posé est de ceux qu'il est plus facile d'éluder que de traiter à fond. Je doute encore plus, ainsi que je le disais à la fin du dernier chapitre, de m'être attiré de la reconnaissance par les idées que j'ai soutenues. Certains estimeront que j'ai fait de trop grandes concessions au parti socialiste démocratique ; mais ce dernier sera encore moins disposé à me mettre au nombre de ses amis, de ses défenseurs et de ses interprètes.

Des deux côtés on me reprochera peut-être de n'avoir pas suffisamment distingué dès le début le socialisme et la démocratie socialiste. A vrai dire, ce n'est pas là un oubli de ma part et j'ai cru qu'il ne pouvait y avoir de malentendu ni d'équivoque sur ce point. Les socialistes démocrates se sont donnés comme les représentants de cet esprit social que j'identifie à l'esprit moral et que d'autres, dans un langage différent, appellent l'esprit chrétien. Aussi ne faut-il pas séparer d'une façon absolue l'esprit social et la démocratie socialiste. Mais les socialistes démocrates ont souvent méconnu cet esprit social et la plupart du temps ils n'ont pas compris que ce qui est réellement important ici, c'est l'*esprit*. Cet oubli les a fait tomber dans des rêveries sociales, dans des revendications et des programmes sociaux que je regarde non seulement comme utopiques et irréalisables, mais encore comme nuisibles et dangereux au premier chef. En conséquence, ils ont pris vis-à-vis de tout ce qui constitue notre vie nationale une attitude de combat et des sentiments de haine qui s'annoncent tous les jours comme plus menaçants pour notre développement intérieur et extérieur. A l'esprit social appartient l'avenir et c'est à lui aussi que revient ce qu'il y a de meilleur et de plus noble dans notre société présente. Mais que l'avenir appartienne au parti socialiste démocratique, c'est ce que je n'espère pas et c'est ce que je ne crois pas non plus, pourvu que nous ne laissions pas à ce parti la tâche de défendre l'esprit social et de se faire son porte-étendard, pourvu que nous prenions nous-mêmes ce rôle en nous inspirant et en nous pénétrant profondément de cet esprit.

En parlant ainsi, je ne tombe pas dans un travers dont je veux absolument me garder et dont je veux éviter même l'apparence : celui de faire des prophéties. — Je ne suis pas prophète; j'ignore ce que l'avenir nous apportera et si c'est là ce qu'on entend quand on demande ce que sera et ce que doit être demain, je déclare que je n'ai pas de réponse à faire à cette question. Comme je l'ai dit au début, je n'apporte aucune recette toute prête pour résoudre la question sociale.

Tous ceux qui envisagent le présent d'un œil clairvoyant voient poindre des tendances qui se réaliseront un jour. Ils voient le passé se désagréger et des temps nouveaux se préparer. C'est ainsi qu'il se produit une transformation de plus en plus frappante dans notre vie politique. Nos partis actuels sont essentiellement, par leur origine, des partis politiques; et si ces partis venaient à disparaître tout d'un coup, si la vie politique et la formation des partis en arrivaient à être dominées exclusivement chez nous par le point de vue de la question sociale, il faudrait regarder cette évolution comme prématurée et même comme susceptible d'être très dangereuse pour la vie de l'État. Par

exemple en présence des progrès incessants du courant
particulariste, il y a une place tout indiquée chez nous
pour un parti nationaliste. Mais on ne peut s'empêcher de
reconnaître qu'aujourd'hui les questions politiques sont
mises au second plan par les préoccupations d'ordre social
et que, par suite, à l'avenir la position prise dans la question sociale jouera un rôle de plus en plus prépondérant
dans l'attitude et la situation respective des partis. —Il n'est
pas vraisemblable et en tout cas il n'est pas à souhaiter
qu'il se forme un parti nouveau, un parti de l'esprit social,
qui se séparerait nettement des partisans de l'individualisme libéral, d'autant plus que ce dernier n'existe
plus nulle part aujourd'hui avec son intransigeance d'autrefois et que les idées de liberté et d'indépendance individuelle qu'il s'efforce de faire triompher sont redevenues
aujourd'hui plus nécessaires que jamais et que le besoin
s'en fait fortement sentir dans notre vie politique. Quoi
qu'il en soit, il est certain qu'à l'avenir, tous les partis, soit
les partis anciens, soit les partis nouveaux qui voudront
se former seront examinés et jugés d'après un critérium
unique, je veux dire la part plus ou moins grande qu'ils
feront à l'esprit social et le dévouement plus ou moins
grand qu'ils déploieront pour le servir.

Telle est aussi la condition à laquelle les autres partis
réussiront à tenir tête au parti socialiste démocratique et à
lui arracher la victoire qu'il croit déjà tenir. Car trop
longtemps on lui a laissé la direction et l'étendard. Les
autres partis ont perdu la confiance des masses profondes
du peuple qui sont disposées de plus en plus à perdre
patience, en présence des mauvais vouloirs et des résistances qui font échec aux réformes sociales et aux tendances socialistes. Ajoutons à cela l'influence exercée par
les agitateurs socialistes qui avec une légèreté et une inconscience qu'on ne saurait trop condamner, font au peuple
des promesses irréalisables et spéculent sur la crédulité
et sur les plus mauvaises passions des hommes. Le corps

social, chez nous, ne recouvrera la santé que quand on se
sera pénétré universellement de l'esprit social qui n'est
pas un esprit de convoitise sans frein et de désordre anar-
chiste, mais dont le but au contraire est de venir en aide aux
individus pour les amener à s'aider eux-mêmes et d'organiser la masse de façon à subordonner l'individu au tout et
à le faire travailler pacifiquement au bien de la collectivité.

Il s'agit donc ici, encore une fois, d'une transformation
dans le fond et dans l'esprit de la société et non d'une
création soudaine de formes extérieures fabriquées de
toutes pièces. Ce n'est pas là une œuvre qui puisse s'im-
proviser; elle doit être amenée par le temps et venir à son
heure. L'individu ne doit pas pourtant se borner ici à une
attente passive. Quand il se demande ce que sera demain,
cette question ne doit pas être un point d'interrogation
posé au destin et à la fatalité; mais elle doit l'amener à un
examen de conscience dans lequel il se demande à lui-
même : « Que puis-je faire, dans la place que j'occupe,
dans le rôle que je suis appelé à remplir, pour aider au
triomphe de l'esprit social ?

Je pourrais, sur ce point, renvoyer le lecteur à ce que
j'ai dit plus haut, notamment au chapitre où j'ai parlé de
l'éducation morale et sociale de l'ouvrier et du patron.
Nous sommes tous, en effet, soit ouvriers, soit patrons, soit
les deux à la fois. J'ajouterai néanmoins ici quelques réflexions qui se rattachent à ce que j'ai déjà dit.

Quand il s'agit de travail, nous savons que les socialistes
démocrates entendent exclusivement par là le travail
manuel et qu'ils ne regardent pas comme un véritable travail le travail intellectuel. C'est là une réaction compré-
hensible et jusqu'à un certain point justifiée contre un
préjugé qui est une des hontes de notre civilisation européenne. Je veux parler du mépris qu'on a généralement
pour le travail manuel. Les socialistes se plaignent notamment et justement de ce que plus un métier est désagréable,
plus on dédaigne celui qui l'exerce.

Jugeant absurde et insupportable le mépris dans lequel on tient les services les plus utiles et les plus nécessaires, les chefs du parti ouvrier veulent que tous sans exception fournissent la même quantité de travail manuel et que ce dernier genre de travail soit seul rémunéré. Mais une telle mesure ne causerait-elle pas le plus grand dommage aux intérêts intellectuels de notre civilisation et ne provoquerait-elle pas une dépréciation du travail intellectuel qui ferait abandonner ce dernier? C'est ce qu'on peut craindre en dépit des assurances contraires des socialistes qui nous promettent dans la société de l'avenir une floraison abondante de savants et d'artistes. Mais pour enlever à cette réaction contre le travail intellectuel toute apparence de raison et pour mettre à néant ces protestations, nous devons commencer par modifier nos idées sur le travail manuel. Nous ne manquons pas d'exemples susceptibles de nous servir de leçons. En Amérique, aucun travail, pas même le plus infime, ne déshonore celui qui s'y livre. Le bon sens du peuple américain se refuse avec raison à comprendre qu'un officier pensionné ne puisse exercer aucune profession, si honorable qu'elle soit, ou que nous devions rougir d'être surpris à brosser nos habits ou à cirer nos chaussures; car il n'y a là qu'un préjugé absurde, un point d'honneur faux et misérable. Une autre leçon de bon sens nous est donnée sur ce point par les femmes de notre bourgeoisie toujours de moins en moins fortunée, qui ne craignent pas de se livrer chez elles à des travaux domestiques et qui ne regardent l'obligation de se servir de leurs mains ni comme un malheur ni comme une honte.

C'est là un point sur lequel chacun peut contribuer par le précepte et par l'exemple à réformer des usages mauvais et à combler l'abîme artificiel que l'on a créé entre les classes. Il est aisé de comprendre que l'on doit commencer cette réforme par l'éducation de la jeunesse. Mais c'est là précisément que nous péchons le plus. Je suis

telle mère de famille qui s'imagine qu'il est indigne de sa
petite fille, une enfant de douze ans, de porter ses livres
à l'école et qui la fait accompagner chaque jour par une
bonne qui porte le carton de la petite poupée. Faut-il
s'étonner si la servante trouve que « c'est à en devenir
socialiste » et si la jeune fille, quand elle aura vingt ans,
passera orgueilleusement devant la misère des humbles et
n'aura que du mépris pour les gens de condition inférieure.
Et combien de temps ne faudra-t-il pas avant que nos
jeunes gens, pétris de préjugés dès l'école, se décident à
saluer un ouvrier qui entre dans la maison? C'est ce dont
peuvent se rendre compte les pères qui ne partagent pas
absolument les sottes idées de leurs fils.

Ne négligeons pas le salut, ne négligeons pas les formes
de politesse. D'après Jhering[1], la mode, avec ses change-
ments incessants, n'est qu'*une chasse à courre de la vanité de classe.* (Hetzjad der Standeseitelkeit.) Nos formes
de politesse avec leurs nuances calculées et leurs degrés
infinis, procèdent toutes d'un esprit de vanité de classe qui
peut paraître simplement ridicule à l'homme vraiment ins
truit, mais qui choque l'ouvrier qui s'en rend compte.

Dans tous ces riens de la vanité mondaine, se révèle un
autre mal plus grave, qui a pénétré malheureusement au
plus profond de notre vie nationale et qui se manifeste avec
une évidence inquiétante dans les relations diverses auxquelles donne lieu la politique. Je veux parler de cette
absence de caractère qui se fait remarquer chez les
hommes appartenant aux classes élevées de la société.
Nous n'avons plus le courage de notre opinion. Nous regar-
dons sans cesse au-dessus de nous et nous nous demandons si nos paroles et nos actes seront bien accueillis en
haut lieu. Il nous manque ce sentiment d'indépendance
et de dignité personnelle qui devrait nous empêcher de
trembler devant le froncement de sourcils d'un supérieur

---

(1) Jhering. *Der Zweck in Recht,* 2 vol., 2° éd., p. 238.

ou devant la menace de la disgrâce d'un président, d'un ministre ou d'un prince. Nous parlons beaucoup de notre caractère tranchant, mais nous ne le faisons voir que quand il n'y a pas de risque à courir. Nous sommes grossiers et brutaux vis-à-vis de nos inférieurs; mais à plat ventre devant nos supérieurs. Un esprit de platitude et de servilisme byzantin nous a envahis et atteints jusqu'au cœur.

Sur ce point, les socialistes démocrates nous sont bien supérieurs. Dans la lutte de douze années qu'ils ont soutenue contre la loi d'exception dirigée contre eux, ils ont fait l'apprentissage de la résistance et du courage. Et les rigueurs d'une persécution qui n'allait pas, il est vrai, jusqu'au martyre, leur ont donné un certain sentiment de l'idéal qui, pour se cacher parfois sous des formes trop brutales, n'en a pas moins sa valeur et sa force. Mais il faut qu'ils prennent garde. S'ils commencent à soupçonner et à malmener leurs chefs parce que ceux-ci se sont montrés dans un établissement public boycotté par le parti, ils en arriveront bientôt à introduire dans leurs rangs un esprit de servilité qui, pour s'adresser au peuple souverain, ne serait pas moins condamnable que notre platitude bourgeoise vis-à-vis de nos supérieurs.

Mais si les socialistes démocrates nous sont supérieurs par certains côtés, il leur manque une qualité essentielle et qui forme un élément intégrant et indispensable de l'esprit social. C'est l'esprit de subordination et de discipline.

L'oppression inflexible de la loi contre les socialistes a suscité au sein du parti une discipline admirable. Mais à peine ce frein a-t-il disparu que cet esprit de discipline s'est évanoui et qu'au contraire l'esprit d'indépendance qui ne bravait d'abord que l'Etat et la loi, ainsi que l'esprit de scepticisme et de négation qui ne s'attaquait primitivement qu'à la religion et aux croyances établies, se sont manifestés au sein même du parti sous forme d'anarchie et d'indiscipline. La presse socialiste a brutalement foulé aux pieds et traîné dans la poussière toute autorité et toute supériorité morale. L'anarchisme a été en ce sens un produit logique du socialisme. Mais cette anarchie et cette indiscipline, cette rébellion contre tout ordre et toute organisation qui aboutissent à un atomisme subjectif et individualiste sont précisément la négation du socialisme qui est au contraire une doctrine d'ordre moral et de respect réciproque des personnes. Aussi peut-on dire qu'à ce point de vue, le parti socialiste démocratique ignore l'A B C de l'esprit social dont il prononce sans cesse le nom.

C'est pourquoi disons d'une part aux socialistes : Revenez aux idées de respect et de discipline; entretenez de nouveau en vous le sentiment du respect à l'égard de la loi, le sentiment de la déférence à l'égard des grands hommes ou simplement des honnêtes gens.

Disons d'autre part aux classes bourgeoises : Ayez le respect du travail et élevez les vôtres dans ce respect.

Ayez du caractère et faites aussi en sorte que vos enfants deviennent des hommes de caractère.

Et avant tout, ayez un idéal !

J'ajoute une réflexion qui nous concerne également les uns et les autres. Le mépris immérité qui s'est attaché à maint genre de travail pourtant parfaitement honorable a eu pour effet, parmi d'autres conséquences funestes, de faire regarder toujours davantage le travail comme un malheur et même comme le principal malheur. Nous sommes, dès notre enfance, préparés à cette façon de voir par la légende du premier homme chassé du paradis terrestre et condamné à expier sa faute par le travail.

Moins de travail ! demande-t-on. — Soit, nous sommes les premiers à vouloir soulager les ouvriers de nos fabriques accablés sous un fardeau excessif. Mais cette diminution du travail obligatoire doit avoir certaines limites. S'il est permis de plaider la cause de la journée de huit heures, en revanche la journée de deux ou trois heures, comme le veut Bebel, serait une absurdité et un crime. Dans nos classes élevées, se manifeste un mouvement parallèle [1] qui proteste contre le surmenage de nos élèves. On veut réduire à quatre heures le travail scolaire et encore ne l'admet-on que pendant la première moitié de la journée, dont le reste serait consacré au jeu. Pour notre part, nous ne voulons pas partager cette illusion qui consiste à croire que le travail est en lui-même un malheur et une malédiction et que le minimum de travail est identique au maximum de bonheur. Le travail est au contraire au premier chef un élément indispensable du bonheur humain, et l'on ne peut douter qu'une vie de jouissances et d'oisiveté ne soit une vie malheureuse. La partie la plus précieuse de l'existence humaine est le travail; c'est dans le travail que se manifestent les meilleures facultés de l'homme; c'est par lui qu'elles se conservent et se développent. Telle est la doctrine idéaliste du bonheur à laquelle nous croyons et devons croire sous peine de déchéance.

Le travail est encore l'école d'une vertu chère à l'idéalisme et qui nous fait grandement défaut. Le travail nous force à surmonter les obstacles et à nous sacrifier. Par là, il nous initie à la moralité, car la moralité consiste précisément à travailler courageusement au bien de l'ensemble et, si cela est nécessaire, à renoncer à son propre bien-être et à sa part de bonheur personnel. Voilà en quoi consiste l'esprit social qui n'interdit pas à l'homme de tendre à son bonheur mais qui le rend capable de renoncer à ce bonheur, volontairement et joyeusement, en vue du bien de tous et du bonheur de l'ensemble. Aussi, la question sociale se réduit-elle à ceci : Est-il possible de faire pénétrer l'esprit social dans l'humanité, de la former à la pratique de cet esprit, en un mot de la rendre morale?

(1) Sur cette question, on trouve beaucoup d'idées justes à côté de plusieurs vues erronées dans les *Verhandlungen über Fragen des höheren Unterrichts*, Berlin, du 4 au 17 décembre 1890. Cf. aussi Th. Ziegler. (*Die Fragen der Schulreform.*)

Nous convions tous les hommes à cette œuvre. Chacun peut y collaborer et contribuer à la mener à bonne fin. Il n'a qu'à commencer par agir sur lui-même et sur les siens. Chacun doit donner de sa personne, car le succès dépend de tout le monde et de vous en particulier.

Voilà ce qu'est l'esprit social. A lui appartient la terre, à lui appartient la victoire. Et celui-là triomphera avec lui, qui marchera sous sa bannière.

TABLE DES MATIÈRES

ÉVREUX, IMPRIMERIE DE CHARLES HÉRISSEY

RÉCENTES PUBLICATIONS SUR LE SOCIALISME

ÉMILE DE LAVELEYE

LE SOCIALISME CONTEMPORAIN

HUITIÈME ÉDITION

1 volume in-12 de la *Bibliothèque d'histoire contemporaine*. 3 50

J. BOURDEAU

LE SOCIALISME ALLEMAND

ET

LE NIHILISME RUSSE

1 volume in-12 de la *Bibliothèque d'histoire contemporaine*. 3 50

BENOIT MALON

LE SOCIALISME INTÉGRAL

1re partie : *Histoire des théories et tendances générales*, 1 vol. in-8, 2e édition. . . . . 6 »
2e partie : *Des réformes possibles et des moyens pratiques*. 1 vol. in-8 . . . . 6 »

PRÉCIS THÉORIQUE, HISTORIQUE ET PRATIQUE

DU SOCIALISME

1 volume in-12. . . . . 3 50

PAUL BOILLEY

LA LÉGISLATION INTERNATIONALE

DU TRAVAIL

1 volume in-12. . . . . 3 »

LIBRAIRIE FÉLIX ALCAN

BAGEHOT (W.). **Lois scientifiques du développement des nations.** 1 volume in-8, 5° édit. ; cart. à l'anglaise . . . . . . 6 »

BERTAULD. **L'Ordre social et l'Ordre moral.** 1 vol. in-12. 2 50

— **La Philosophie sociale,** 1 vol. in-12. . . . . . . 2 50

BLANC (Louis). **Discours politiques** (1848-1881). 1 volume in-8. . . . . . . 7 50

COMBES DE LESTRADE. **Éléments de Sociologie.** 1 vol. in-8. . . . . . . 5 »

DREYFUS (Camille), député. **L'évolution des mondes et des sociétés.** 1 vol. in-8, 2° édit. ; cart. à l'anglaise. . . 6 »

FRANCK (Ad.), de l'Institut. **Les rapports de la religion et de l'État.** 1 vol. in-18, 2° édit. 2 50

— **Philosophie du droit civil.** 1 vol. in-8. . . . . . 5 »

HARTMANN (E. de). **La religion de l'avenir.** 1 volume in-18, 2° édition. 2 50

HERBERT-SPENCER. **Introduction à la science sociale.** 1 vol. in-8, 9° édit. ; cart. à l'angl. 6 »

— **Principes de sociologie.** 4 vol. in-8, traduits par MM. Cazelles et Gerschel : t. I. 10 » — t. II. 7 50. — t. III. 15 » — t. IV. 3 75

— **Essais sur le progrès.** Traduit par M. A. Burdeau, député. 1 vol. in-8, 5° édition. 7 50

— **Essais de politique.** Traduit par M. A. Burdeau, député. 1 vol. in-8, 3° édition. . 7 50

— **L'individu contre l'État.** 1 vol. in-12, 3° édition . . . 2 50

COSTE (Ad.). **Les conditions sociales du bonheur et de la force** 1 vol. in-18, 3° édition. 2 50

— **Hygiène sociale contre le paupérisme** (couronné au concours Péreire). 1 vol. in-8. 6 »

COSTE (Ad.). **Les Questions sociales contemporaines** (avec la collaboration de MM. A. Burdeau et Arréat). 1 fort vol. in-8. . . . . . . 10 »

— **Nouvel exposé d'économie politique et de physiologie sociale.** 1 vol. in-18. . . 3 50

— **La Richesse et le bonheur.** Simple exposé des moyens les plus sûrs pour y parvenir. 1 vol. in-42 de la *Bibliothèque utile*, br. 60 c. ; en élégant cart. anglais. . . . . . 1 »

— **Alcoolisme ou épargne, le dilemme social.** 1 vol. in-32 de la *Bibliothèque utile*. Br. 60 c. ; en élégant cart. anglais. 1 »

JANET (Paul), de l'Institut. **Les origines du socialisme contemporain.** 1 vol. in-12, 2° éd. 2 50

— **Philosophie de la Révolution française.** 1 vol. in-12, 3° édition 2 50

— **Histoire de la science politique dans ses rapports avec la morale.** 2 forts vol. in-8. 3° édit., revue. . . . 20 »

MASSERON. **Danger et nécessité du socialisme.** 1 volume in-12. . . . . . . 3 50

PARIS (le comte de). **Les associations ouvrières en Angleterre.** (Trades-unions.) 1 vol. in-12. . . . . . . 1 »

QUINET (Edgard). **La république, conditions de régénération de la France.** 1 volume in-12, 2° édition 3 50

— **L'enseignement du peuple.** 1 vol. in-12, 3° éd. . . 3 50

— **L'esprit nouveau.** 1 volume in-12. . . . . . . 3 50

ROBERTY (de). **De la sociologie.** 1 vol. in-8, 2° édition. cart. à l'anglaise. . . . . . 6 »

STUART MILL. **L'utilitarisme.** 1 vol. in-12, 2° édition. 2 50

Envoi franco contre mandat-poste.

www.ingramcontent.com/pod-product-compliance
Lightning Source LLC
Chambersburg PA
CBHW070406090426
42733CB00009B/1559